修猷館投石事件

修猷館投石事件

明治二十四年、中学校と軍隊の衝突

水崎雄文

花乱社選書 6

まえがき

今から一三〇年程前に中学校と軍隊が衝突する事件が発生した。世にいう「修猷館投石事件」である。現在、この事件の内容を知っている人は、おそらく一部の修猷館関係者と歴史研究者ぐらいではないだろうか。既に長い年月が経っていて、今となってはその詳細を明らかにするのは困難である。加えて最近では軍国主義時代を体験した人々も少なくなり、「中学校と軍隊の衝突」という異常事態に対する関心も薄くなり、深く立ち入って調べる人もいないようである。

近年の県立修猷館高校卒業生の中には、なんとなく事件の名称を聞いたことはあっても、内容についてはまったく知らないとする人も多く、現在の教職員もまた同様である。知っていても、詳細にわたってまでの人はほとんどいないだろうと思われる。

しかしこの修猷館投石事件は、単に中学校と軍隊の衝突とだけでは済まされず、中央政界をも巻き込んで、「立憲主義違反」とも言える問題へと発展した歴史的事件であった。明治における「立憲主義」という言葉に違和感を覚える人もいるかも知れないが、福岡で起こった事件であったがため、中央の政治の動きを中心として書かれてきた戦前の歴史の中では正史から〝抹殺〟されてきたのである。

事件の発端は、一八九一（明治二十四）年三月二十四日の昼休み中、食事を終えた中学校生徒たちの一部が校

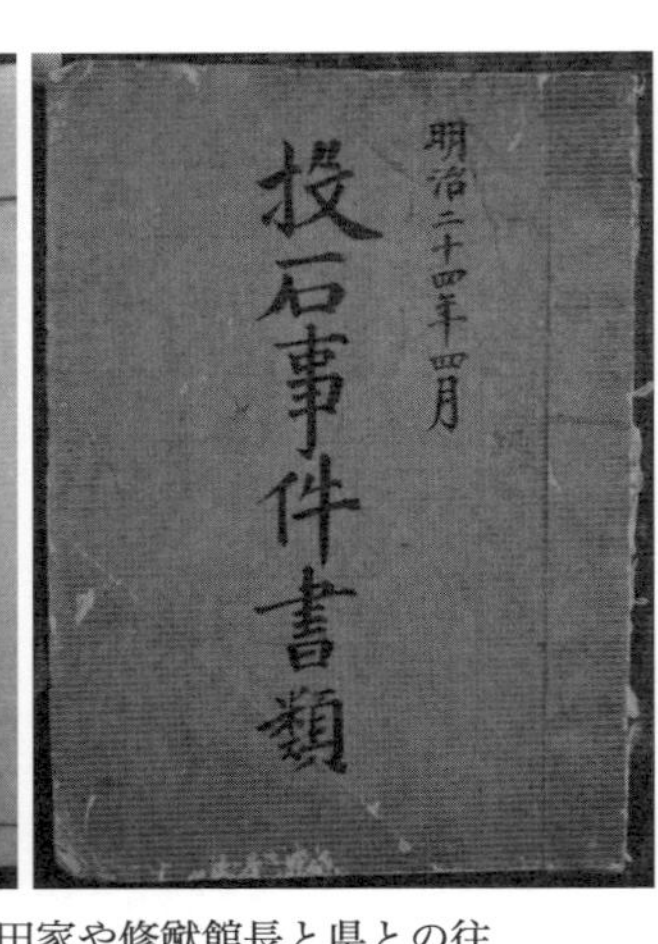

「投石事件書類」。黒田家や修猷館長と県との往復文書が多数収められている（修猷資料館蔵）

庭で石投げをして遊んでいて、そのうちの一つが学校を囲む丸瓦の土塀を越え、それが折から塀の外を行進中であった歩兵第二十四連隊の兵士の一人に当たったのである。些細な生徒の遊びから起こった出来事なのだが、事件は大きく拡大して一地方のこととして済まされなくなったのである。

「中学校と軍隊の衝突」といったドラマチックな内容は世間の耳目をひき、各地の新聞もこれを報道あるいは論評し、当時福岡で発行されていた「福陵新報」や「福岡日日新聞」には東京からも投書が寄せられるほどであった。学校と歩兵第二十四連隊との話し合いでは解決できなくなった修猷館にとっては、開校から十年足らずして起こった大事件となり、解決まで半年以上を要することとなる。

したがって、従来の修猷館史編纂ではこの事件を必ず取り上げているのだが、その経緯は大事件であるにもかかわらず簡潔に過ぎるようで、当時の時代背景や政治状況、修猷館の学校としての特異な性格にまでは言及されていない。

事件の基本史料となるのは、まずは修猷館資料館蔵の「投石事件書類」である。これには、学校から黒田家への報告書と同家からの学校への問い合わせなどの往復書簡が収められている。その中には黒田家から知事への質問書、当時の尾崎臻（いたる）館長から知事への質問書も収録されており、県当局とのやり取りが詳細にわたっている。これと並ぶ史料が、福岡県立図書館蔵の渡辺村男編録「投石事件留之写（とめのうつし）」の抜粋である。渡辺は投石事件の現場に立ち会った県の役人である。

この事件の著述で一番古いのは、一九〇四（明治三十七）年、創立二十年を記念して編纂された『修猷館再興録』（福岡県中学修猷館学友会）である。事件発生から十三年しか経過していない時期のものであり、事件を体験した人も生存していて、その信憑性は高い。

一九三五（昭和十）年、修猷館は創立五十周年を迎えた。しかし記念式典を開催しても特別な大事業は行わず、『修猷館再興録』を再刊するとともに大部の雑誌『修猷』特集号を発行し、記念写真集、絵葉書を出しただけであった。特集号の中には尾形次郎（明治二十五年卒。当時、三井鉱山株式会社取締役・工学博士）の「投石事件前後の回顧」も載っているが、事件の詳細についてはほとんど触れていない。

「其頃の館長は、尾崎臻先生でしたが、校舎の大名町にあつた頃の明治二十四年五月あの有名な投石事件が勃発したのです。当時私は四年生でしたが、正午頃校庭で遊んでゐた生徒が何気なく抛つた瓦の破片（?）が、思ひがけなくも、道路通行中の兵士の銃にあたつたといふので、軍隊の激怒にあひ、学校は軍隊に包囲され、一旦帰宅してゐた私共も呼び出されて、岡村軍曹の率ゐる一個少隊〔ママ〕によつて、厳重な取調をうけたのです。其時の騒動は大変なもので、生徒は全部一夜学校に置かれました。精しい事は既に御承知の事と思ふから申しませぬ」

というのが、尾形が投石事件について語った部分である。

この時期、一九二五（大正十四）年に「現役陸軍将校学校配属令」が公布され、学校と軍隊が急速に接近し、学校教練はいっそう強化されていた。現役陸軍将校学校配属令とは第一次世界大戦後、陸軍では兵器の近代化、機械化を図るため三次にわたる軍縮を実施し、師団や部隊の廃止、軍馬の大幅縮小を行い、兵器の改善整備を著しく進展させたのであった。この過程で整理された兵員は約九万三千人に上ったが、そのうちに将校が約四千人おり、彼らの救済策として特別資金を与えて退職させたり、教員資格をとらせたりしたが、非常時に備えて軍事教練指導を目的に、一千数百人の将校を中等学校以上の学校に配属させたのであった。

一九三一（昭和六）年の満州事変を契機に日中戦争に突入し、軍国主義は年ごとに進展し、学校教練の時間も増大していった。一九三三（昭和八）年には、陸軍の横暴を象徴する事件として大阪市で「ゴーストップ事件」が起こっている。交差点の信号を無視して警察官の制止を振り切った陸軍兵士を交番に連行したが、ここで格闘にまで発展したのである。これはやがて政府内での内務省と陸軍省の対立にまで発展し、陸軍の威信を侮辱するものとする陸軍省と府の警察権を侵害するものとする大阪府の対立は五カ月余にわたった。最終的には兵庫県知事の仲裁で終結するが、地方自治における警察権への軍部干渉であった。

修猷館投石事件当時は、軍部の教育行政介入として文部省と陸軍省の対立にまで至り、文部省の主張が通ったのだが、その後日清・日露戦争の勝利を境にして軍部の横暴が露骨になりはじめ、国民の間にも軍部の優位性を認める雰囲気が醸成されてきていた。

このような中、昭和になると、明治時代のこととはいえ学校と軍隊の衝突を記述することははばからざるを得ない状況になっていた。ましてや陸軍の非を記述するなどとんでもないこと、とされる恐れもあった。前述の、尾形次郎が事件の当事者でありながら、ほとんどと言ってもいいほど事件の内容に触れなかったのは、このようなことも背景にあったと推測される。卒業生たちが思い出として語ることはあっても、衝突の核心の部分に触れる著述は見られなかった。世は軍国主義の時代になっていたのである。

また、事件から四十年も経過すると、内容に尾ひれがつき、誤った内容も横行していた。しかも軍国主義の時代であり、投石事件を新しい視角から検討するなど及びもつかなかったはずである。

ところで、ここに出てくる修猷館（正式名称・福岡県尋常中学修猷館）とは、福岡藩の藩校の流れを汲み、一八七一（明治四）年の廃藩置県後、旧藩主黒田家の手を離れ、十四年後の一八八五（明治十八）年に黒田家の資金を委託された県が英語専修修猷館として復活させたものである。一八八五年は、帝国大学令を頂点とする学校令が布達される前年である。

英語専修修猷館では、国家有為の人材を育成することを目的として、漢学の授業がなく、上級学校入学試験に必要な英語・数学・理科に文部省の意向で兵式操練のみが授業され、英語・数学・理科には原書教科書が使用され、日本語を交えない正則英語で授業を行っていた。このような授業形態はその後、一九〇〇（明治三十三）年まで続くのである。

当時の中学は在学期間は五年であったが、修猷館では高等学校や兵学校などの入試に必要な教科を、普通五年間で履修するのを三年間で教えることにしていた。したがって入学試験が難しく、定員の三分の一を確保するのがやっとであった。おまけに落第生も多く、生徒の年齢もまちまちであった。他の中学からの転校は許されず、中学卒業生でも最初の一年生から授業を受けなければならなかった。

ところが、一八八六年の県会では議員と県令とが対立し、県中学の予算案を否決したのであった。県は苦肉の策として翌八七年に福岡中学と修猷館とを合併させ、五年制の福岡尋常中学にしたのであった。しかし黒田家の意向は強く働き、合併後も英語・数学を重視するカリキュラムや正則英語による授業は継続し、相変わらず落第生は多く、それだけに生徒の年齢は多様であった。この点については後の各章にて詳述するが、これが投石事件当時の尋常中学修猷館の状況であった。

以下、第一部の「中学校と軍隊の衝突」では、残された史料により投石事件の経緯を追うとともに、「立憲主義」に関連する事象についても述べる。

第二部の「儒学から英学へ」では、幕末から明治三十年代初頭までの福岡の英語習得の歴史について述べる。特に明治二十年代の修猷館は全国でも稀な正則英語で授業を行っており、生徒は英語を理解し、英会話ができたのである。この特異性が投石事件の一要因として考えられるからである。

当時の兵士のほとんどは農家の二、三男あるいは小作農の出身者であり、学籍にある生徒の大半は地主層、豪商あるいは士族の子弟たちで、富裕層に属していた。加えて当時の中学生の年齢はまちまちであり、中には兵籍を免除された十七歳以上の生徒もいて身体も大きかった。このような階層的差違が「中学校と軍隊の衝突」の底流にあったと考えられる。

福岡藩が英学に転向したきっかけは何だったか。第一部でも触れるが、福岡藩は幕府より長崎警備の大役を課せられていた関係から蘭学が盛んで、幕末の藩主斉清（なりきよ）・長溥（ながひろ）父子はそろって〝蘭癖大名〟と称せられており、西欧の文物に関心が深かった。特に斉清は蘭学に造詣が深く、オランダ商館医シーボルトと親交があり、オランダ医学の導入には父子ともに積極的であった。

このようなオランダとの親交の中で起こったのが、一八〇八（文化五）年のフェートン号事件であった。折からナポレオン戦争で敵対関係にあったイギリス船フェートン号が、卑怯にもオランダ国旗を立てて長崎港に侵入し、オランダ商館員を人質にとって港内を自由に横行して水深などを測量し、食糧・水を要求して立ち去った事件である。日本の好むと好まざるにかかわらず、諸外国との接触が避けられない時代が到来していた。

一八五八（安政五）年の五カ国条約以降になると、長崎には欧米諸国の艦船が来航し、多くの文物や技術・武器が伝来し、以前にもまして新しい世界情勢や諸外国の文化や軍事技術を吸収する都市となっていった。諸藩は対外問題への対処と西欧文明摂取のため、オランダ語だけでは通用しないことを知ったのである。各藩ともフランス語その他の外国語習得が必須となってきていた。このような事態に対して幕府は同年、長崎に英語伝習所を設立する。

それまで福岡藩では独自に英語通訳を養成することはなく、他藩の出身者を登用していた。一八五八（安政五）年、英語伝習所が設立されると、平賀義質に栗野慎一郎、本間英一郎、井上良一、吉見均、船越慶次、西川虎雄、白水泔など数名の若者を引率させて長崎留学を命じている。

英語伝習所は翌年、洋学所と名を改め、英語以外の外国語も教えるようになっている。これはまさしく福岡藩の洋学政策の拡充であり、それまでの蘭学オンリーから洋学をフランス学、ドイツ学へと視野を広げるための開明的政策であり、福岡藩における本格的英語政策の濫觴（らんしょう）とも言うべき時代であった。ちなみに長崎留学生のうち、本間・井上・船越は一八六七（慶応三）年に平賀義質に引率されてアメリカに留学している。

修猷館投石事件❖目次

まえがき　3

第一部　中学校と軍隊の衝突

修猷館投石事件と「立憲主義違反」問題

第一章　投石事件の記録と記憶……18
1　明治の「立憲主義違反」問題　18／2　戦後の取り上げられ方　21

第二章　中学校が軍隊の支配下に……24
1　英語専修修猷館の誕生　24／2　軍隊への「投石」　25
3　学校と軍隊の交渉、県庁職員が出張　27／4　県知事による館長・教職員処分　33
5　「天皇の軍隊」　35

第三章　事件の展開と波紋……37
1　市民の「修猷生」観と軍人観　37／2　館長のストライキ　39
3　尾崎館長と尊攘運動　41／4　政治問題化する投石事件　44
5　新聞投書に見る事件の反響　47

第四章　黒田家と修猷学会の動向……52
1　黒田長成の質問書　52／2　福岡県側の反論　55／3　出征服と演習服　57
4　修猷学会誕生の経緯　60／5　修猷学会による抗議活動　63／6　陸軍大臣への建白書　67

第五章　尾崎館長の学校復帰……70
1　館長欠席の卒業式　70／2　館長、文部省に召喚される　71

第六章　投石事件その後……75
1　館長三度目の辞表提出　75／2　第四代館長に初代館長が再任　76

終章　大日本帝国憲法と投石事件……79
1　軍国主義の胎動と立憲主義　79／2　修猷館投石事件とは何だったのか　82

資料
1　『修猷館再興録』に記された投石事件　85
2　修猷館回顧録　投石事件遺聞　89

第二部　儒学から英学へ　原書教科書を正則英語で授業した明治の修猷館

第一章　幕末福岡藩の対外政策……94

1　福岡藩の開明性と財政難　94／2　〝洋学ブーム〟の到来　96

第二章　廃藩置県と福岡の英語熱……99

1　黒田家独自の英語摂取　99／2　英語教育不在の時代　100

3　ボストン留学生派遣事業の成果　101／4　井上良一と本間英一郎　105

第三章　藤雲館は修猷館の前身か……108

1　福岡最初の法律専門学校・藤雲館　108／2　藤雲館設立資金の性格　112

3　ずさんな学校経営　114／4　黒田長溥の学校構想　116／5　藤雲館教育の実情　120

6　洋学奨励策の成果としての修猷館誕生　123

第四章　英語専修修猷館の興亡……126
1　国家有為の人材育成を　126／2　英語主眼の開講準備　128／3　入学業務と開講式　130
4　英語重視の特異な学校　132／5　徹底したスパルタ教育　134
6　文部省の介入と英語専修修猷館の終焉　138
第五章　その後の修猷館……142
1　英語重視の教育継続　142／2　英語教員確保の努力　144／3　正則英語教育の終わり　146
修猷館略年表　149
参考文献　151
あとがき　153

第一部

中学校と軍隊の衝突

修猷館投石事件と「立憲主義違反」問題

第一章　投石事件の記録と記憶

1　明治の「立憲主義違反」問題

修猷館ではこれまで三冊の学校史を編纂発行している。その最初は、「まえがき」でも触れたように、一九〇四（明治三十七）年、創立二十周年を記念して編纂された『修猷館再興録』（一九三五〔昭和十〕年再刊。以下、本書は再刊本に依る）である。この書は第十章を投石事件に充てている。そこでは、まず事件の経緯を述べ、次いで黒田家当主である黒田長成（ながしげ）（一八六七～一九三九）の抗議内容を載せている。次のようなものであった。

「日常数百人ノ生徒ノ出入スルカ為メニ　後日生徒ト軍人トノ間ニ瑣少ノ行違ヲ生スルコト無シトハ断言スヘカラサルナリ　若シ此ノ如キ場合ニ於テ　今回ノ如ク陸軍士官ハ直ニ軍隊ヲ率ヰ来リ修猷館ニ侵入シ　其門戸ヲ閉鎖スル等ノ事アルニ於テハ　軍人ヲシテ常ニ行政ニ干渉セシメ　立憲政治ノ効用ヲ空クシ　後来容易ナラサル事件ヲ惹起スルヤモ計リ難ク」（引用にあたって、適宜文字間を空けた。以下同）

「立憲政治ノ効用ヲ空（むなし）クシ」とは、立憲政治を危うくする――即ち「立憲主義に違反している」ということを意識しての言葉であるだろうと思う。この当時、「立憲主義違反」という語句が使われたかどうか私は知らないが、以下、本書ではこの語句を使用させていただく。

長成は、事件に対してとった軍部ならびに県知事安場保和（やすばやすかず）（一八三五～九九）の処置は軍部による教育行政介入であり、「立憲主義に違反する」ものとしている。『修猷館再興録』は明治にあって「立憲主義違反」に言及しているのだが、戦後の『修猷館七十年史』（一九五五〔昭和三十〕年）と『修猷館二百年史』（一九八五〔昭和六十〕年）はこの指摘を無視して、こうした問題にまったく触れていない。「立憲主義」という政治用語は最近新聞紙上を賑わしているが、明治にあってはほとんど耳慣れない言葉であった。世間では立憲改進党、立憲政友会などと称する政党の枕詞的感覚で受け止められていたのではなかろうか。

明治大学の田村理准教授によると（二〇一六年五月十七日付「朝日新聞」）、立憲主義は今でこそしばしば新聞紙上を賑わす政治用語になっているが、実は二〇〇六（平成十八）年、「改憲」をとなえる第一次安倍政権が誕生した頃から新聞紙上に登場することが多くなり、二〇一三年安倍政権が返り咲き、憲法改定条件を緩和しようとの論議が高まってきた頃から、憲法学者の間で「立憲主義に違反する」との声が高まり、解釈改憲による重要事態対処法が成立した今日では新聞報道にもしばしば登場するようになったという。

投石事件発生当時の日本は、六法典も完成しておらず、司法・立法・行政の三権は分立していても、行政や軍部の当事者の大部分は厳密に立憲主義を理解しておらず、自分たちの部署に与えられた権限を独自に判断し、その権威を帝国憲法に求めるのみで、三権分立のあり方を理解していなかったのである。立憲主義とは近代国家の資格として最高法規である憲法を保持する、という程度の理解だったようだ。つまり、「憲法の存在＝世界の一等国への仲間入り」程度の憲法認識なのである。したがって、欧米社会に長期留学の体験を持ち、立憲政治の実態を見聞した一部のインテリ層の間でしか憲法の何たるかが理解されていなかったのである。

そのような状況の中で、投石事件における軍部の行動を「立憲主義」に基づいて抗議した黒田長成の慧眼（けいがん）は注目に値する。彼は元々、天皇崇拝論者であるが、一八八四（明治十七）年から四年間、ケンブリッジ大学に留学しており、ヨーロッパの立憲君主国家における政治社会のあり方を知っていたのである。

このように「憲法違反」を指摘したのは、一八八九（明治二十二）年の帝国憲法発布から二年後のことであり、我が国最初の「立憲主義違反」事例の指摘ではないだろうか。

佐藤正第2代福岡第二十四連隊長（『太陽』第5巻第3号〔博文館, 1899年〕より）

西欧社会では憲法は権力を束縛するものであり、人民を護るべきものとして誕生した歴史があり、そのような経験のない日本では、「立憲主義」という言葉はあっても、権力者の行動が憲法で束縛されることを理解していなかったのである。そのような風潮が、修猷館史編集にあっても、黒田長成が主張した「立憲主義違反」を深く突きつめようとする姿勢を欠落させてしまったのではないか。

それでも、戦前の投石事件研究の中にあって、一九三一（昭和六）年に雑誌『修猷』七十一号掲載のペンネーム・川上水舟（明治三十七年卒、川上市太郎）の「投石の波紋」は注目すべき文章である。これは研究と言うより歴史小説と言ったほうがよさそうだが、投石事件当時の連隊旗手として佐藤正（ただし）連隊長（中佐。最後は少将。一八四九～一九二〇）のそば近くで軍旗を捧持していた森部静夫少尉（一九三一年当時は陸軍少将）に直接会って話を聞いており、その点では史実に近いものを感じさせる。

佐藤正中佐については、部下思いの連隊長で、細かなことは部下の判断に任せ、投石事件は子供の遊びから発生した事件であり、わざわざ報告も要らない、自分たちで解決するようにと、自ら修猷館に出かける意志はまったくなかったという。しかし、これが部下を暴走させることになった、と記している。すなわち副島倉助少尉の〝修猷館出兵〟である。

佐藤連隊長は教育行政に介入する意図などまったくなかったのである。川上の文章は、佐藤の性格を考察するうえで参考になりうる。

さらにこの「投石の波紋」には、事件未解決の時、当時の文部大臣芳川顕正が黒田長成の意を受けた金子堅太郎（一八五三〜一九四二）から事件の内容を通知され、陸軍大臣高島鞆之助（一八四四〜一九一六）に警告を発したことが記されており、史料として参考になるものがある。

2　戦後の取り上げられ方

修猷館史に黒田長成の「立憲主義違反」問題が再び登場するようになるのは、第二次世界大戦終了まで待たねばならなかった。戦後の一九四六（昭和二十一）年、卒業生だけの組織である修猷館同窓会が発足すると、一九五一年から「修猷通信」が発行された。その六三年一月一日号に掲載された「投石事件遺聞」には、岡澤麟太郎（明治二十六年卒）と小川霜葉（明治四十三年卒）の寄稿文が掲載されている。ここにはそれまで語られることのなかった事実が記されており、特に小川の文章は貴重な史料となっている（本書七二ページに全文採録）。

小川は事件当時の尾崎臻館長の三男三雄の親友であり、戦後尾崎三雄が所蔵していた尾崎館長の日記を見せてもらっている。その時、何気なく見た日記の内容を記憶の範囲で紹介したものである。『修猷館七十年史』編集前、再度の拝見を申し出た時はすでに焼却された後だったという。しかしわずかな記憶の範囲内とはいえ、それまで知り得なかった貴重な記事も見られる。これまで漠然としていた事件後の館長尾崎の動向がわずかな

修猷館第２代館長・尾崎臻
（『修猷館百八十年史』より）

がらも窺えるのである。

このように、一九六〇年代まではまだ当時の記憶を残している人も生存しており、事件の詳細に近づくことも可能だったが、現在では不可能になってしまった。そこで、基本史料である「投石事件書類」と渡辺村男の「投石事件留之写」、小川霜葉が見た「尾崎臻日記」を活用してもう少し詳しく事件の経緯と真相をたどってみたいと思った次第である。この点については第二章以降で触れることにする。

戦後の一九六二年に発行された『修猷館物語』の中に、「修猷通信」から尾形次郎の前記寄稿文（「投石事件前後の回顧」）を「投石事件の頃」と改題して転載している。前述したように尾形は投石事件にほとんど触れなかったが、編集担当者が「投石事件書類」をもとに補足を加え、その中で黒田長成の書簡にある軍隊の行為を「立憲主義に違反するものである」とする文章を紹介している。

もっと長文のものは、これをさらに踏襲して修猷館二百年記念事業（一九八五）の一つとして出版された『菁莪特集号』（同年）に採録された尾形次郎の文（五ページ参照）である。ここでは投石事件の補足をさらに詳しくして「立憲主義違反」の内容を深めている。これは非常に重要な指摘である。これまでの他の著述と異なり、学校と軍隊の衝突を「立憲主義に違反する」ものとして取り上げた論考である。黒田家は投石事件処理に対し強硬な態度をとっていたが、その根拠はこの「立憲主義違反」にあったのだ。

以上に紹介した著述以外に、長文のものとして雑誌『修猷』一〇二号（一九七二）掲載の秋津鉄人「修猷館史

秘話　投石事件の真相」があり、同年、西日本新聞社発行の『修猷山脈』の中の「館史よもやま」にも記事がある。「館史よもやま」は史料を秋津に依存しており、秋津は独自に史料を収集していたようだが出典が不明であり、加えて著者独自の主観や思い込みがにじみ出て脚色が多く、短編歴史小説の感が強い。読み物としては面白いが、人物の対話場面などは史実とするには躊躇せざるを得ない。もちろん『修猷山脈』も同様である。

第二章　中学校が軍隊の支配下に

1　英語専修修猷館の誕生

明治十年代から二十年代にかけての福岡県は、県会と知事（明治十八年以前は県令）の対立が激しく、県下各地に中学校やその分校ができては消えるという状況にあり、四中学校十五分校や六中学校十三分校の時期も出現している。地域代表のエゴの結果、学校のみ多くて教育内容はあまり期待できない状態にあった。

このような混乱状況を憂慮した旧福岡藩主黒田長溥（ながひろ）（一八一一〜八七）は、国家有為な人材育成を目的に英語教育を重視した学校創立を企図して、私金四万五千円を投じ、その利息でもって英語専修学校を設立することにした。利息は毎年県へ寄付され、学校運営を県にゆだねたのであった。県立でありながら黒田家の意向が強く働く特異な性格を持った学校の誕生である。

学校は、中学でなく三年制の専門学校に分類されていた。学科課程は英語・数学・理科に歩兵操練が加わっただけである。しかも、中学五年間で修了する三教科を英語の原書教科書を使用して三年間で終わらせ、他の高等専門学校に進学させることを目的としていた。

その後、文部省の指導もあって、福岡尋常中学を併合して中学校令に基づく五年制の福岡県立尋常中学修猷館となる。しかし、相変わらず英語・数学を重視して、教科書は専ら英語の原書を使用していた。官立の高等中学校や陸軍士官学校、海軍兵学校、東京農林学校、東京職工学校、東京商業学校、あるいは英語教師を希望する者に必要な教科を正則英語（原則として日本語を交えない）で授業することにしていた。

この原書教科書使用は、一九〇〇（明治三十三）年まで続くのである。将来の国家を背負って立つ優秀な人材育成を目的とした黒田家の英語重視の教育政策は、一八八五（明治十八）年の創立から十五年間の長きにわたったのである。原書教科書使用は文部省令から外れ、変則中学と言ってもいいような学校であった。

このような黒田家の強い発言力は投石事件においても発揮され、福岡での解決が停滞すると中央政府との交渉に持ち込まれ、半年以上にわたる粘り強い交渉でもって事件を解決へと導いたのであった。

一方、一八八〇年代から九〇年代にかけては、安政の不平等条約改定のための政府による法制整備と立憲政体樹立の時期であり、それに対応して自由民権運動も勃興し、このことが事件に対する世間の関心をいっそう高め、各新聞の意見投書も盛んにさせたようだ。これらの周辺状況を抜きにして投石事件の全体像は把握できないと考えられる。

2　軍隊への「投石」

本書「まえがき」で述べたように、一八九一（明治二十四）年三月二十四日十二時三十分頃、修猷館の正門前を第二十四連隊の歩兵一中隊が列を整えて行進中であった。修猷館は兵営から上ノ橋を出た交差点の角にあり（六一ページ掲載図参照）、正門前では頻繁に軍隊が行進していた。そこへ突如、修猷館内から瓦片が飛び込み、兵士の銃に当たり、滑った瓦は一兵士の顔面に当たってしまった。昼食を済ませた生徒の一部が土塀に向かって石投げに興じていたのであるが、その一つが瓦に当たり、割れた瓦片が兵士の隊列に飛び込んだようだ。

兵士は行進中であり、姿勢をくずさずそのまま行進を続けたが、これを隊列の後方にあって目撃した中隊引率の下士官岡村忠夫一等軍曹は直ちに門内に駆け込み、生徒に投石者を尋ねるも答えなく、尾崎館長に面会して投石生徒を調べて報告することを求めたのであった。そして瓦片が飛んできた位置を示し、「軍曹岡村忠夫」と書いた紙片を置いて立ち去った。

岡村の言い分は「兵士の携える銃は兵士の精神であり、隊列を整えて行進する軍隊に投石するということは、軍隊を侮辱するだけでなく、天皇に対する不敬行為である。投石犯人の名前を調べ、即刻報告せられたい」というものであった。

現在の上ノ橋（右手奥），手前は修猷館があった場所（三井住友海上福岡赤坂ビル）。修猷館（東学問所）跡碑が立つ

投石からその後二日間の経緯は「福陵新報」の記事が一番詳しく、本書では「投石事件書類」、『修猷館再興録』に加え「福陵新報」の記事を中心に述べることにする。他に「福岡日日新聞」なども適宜利用する。

尾崎館長は早速、各クラスで取り調べを開始したが投石者は判明せず、性急な軍曹は即刻の報告を求めたが、館長は、すでに帰宅した生徒もいること故、明日改めて取り調べて結果を報告すると約束し、軍曹は原因の瓦片を持ち帰ったのであった。館長が折から別の用件で修猷館に来ていた県庁の川俣甲子太郎に報告すると、川俣は館長に、帰宅途中に第二十四連隊を訪ねて副官香川某に挨拶しておくよう指示したのであった。館長は指示に従い、副官に会って事の一件を報告したのであるが、この件が連隊内でどのように取り扱われたかについては不明である。前記川上水舟の文章では、連隊長自ら乗り出す意思はまったくなく、自分たちで解決するよう指示したという。

3　学校と軍隊の交渉、県庁職員が出張

翌二十五日になると事態は一変する。館長以下教職員が早朝から出勤し、生徒の取り調べを始めていると、そこに見習士官に引率された週番徽章（きしょう）を付けた一中隊が到着し、館内に入り込んで来た。服は小倉地で袖徽章があったが、肩に隊号は付いていなかったとのことで、これは木綿織の小倉地の演習服であった。

三月二十九日付の「福陵新報」によると、その後、「中隊付なる曹長大野又雄とか云へる人も来りて館長に向ひ、昨日の行兇者（こうきょうしゃ）は未だ判然せざるや、速かに出されたし、又取調の始終に就ては我々一同傍聴すべしと、まさかに厳しき談判なるより、尾崎氏は之れに向ひ、取調上に於る事は不肖乍ら本官に於て適宜の方法を用ひべければ、傍聴のみは謝絶致すと断乎として答へしかば、大野氏等は之れを聴（きき）て、然らば一旦退ぞくべしとて直ちに同館を引揚げたるが」（常用漢字に改め、読点を加えた）と。

ところが間もなく、歩兵少尉副島倉助率いる出征服を着用した一中隊の

歩兵第二十四連隊正門（『軍隊生活写真帖』〔歩兵第二十四聯隊，1922年〕より。陸上自衛隊福岡駐屯地広報史料館蔵）

「福岡衛戍歩兵第廿四聯隊全景」（明治29年11月７日，博多下新川端町拾六番地岸原金五郎刊。石瀧豊美氏蔵）

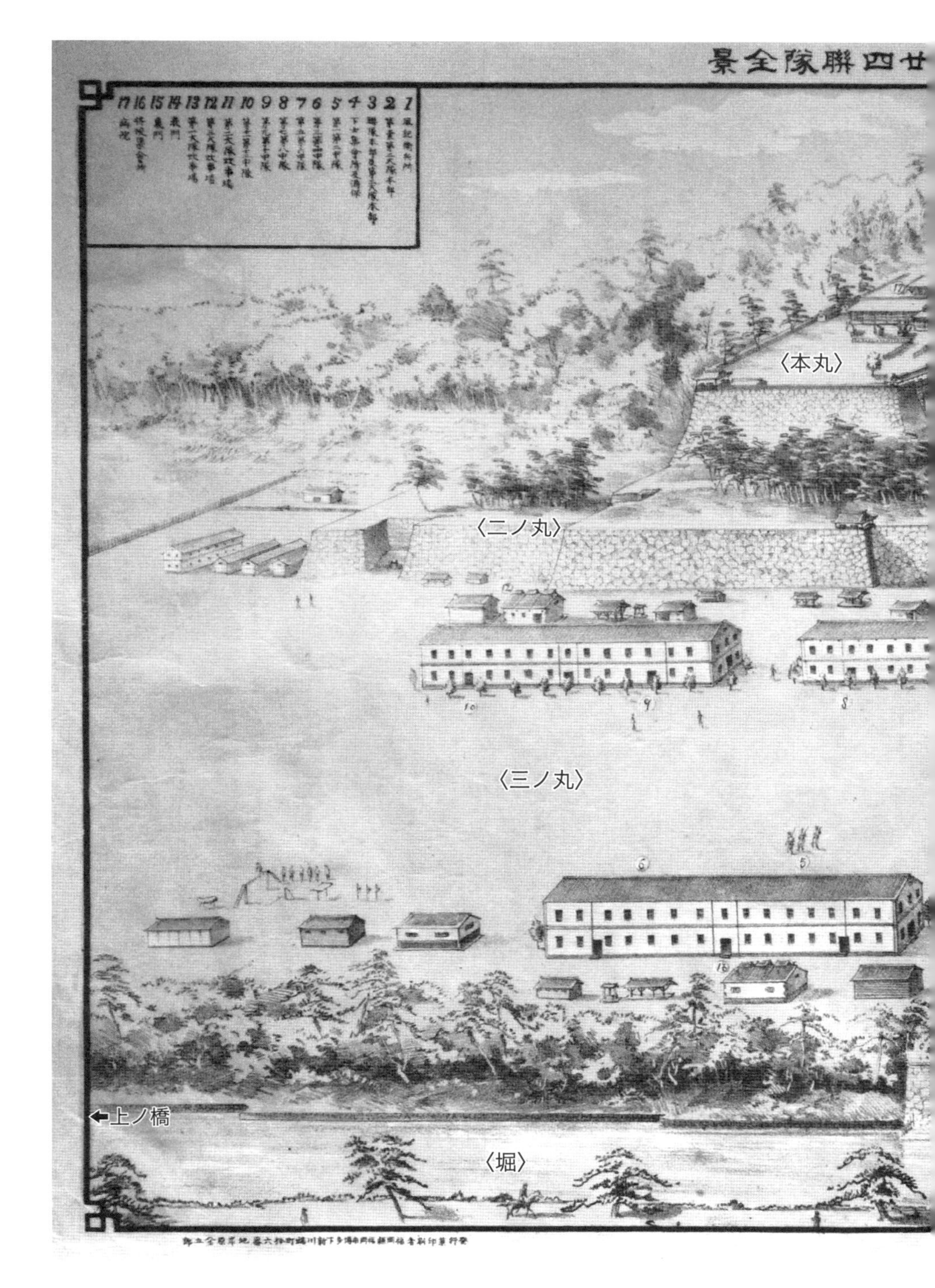
廿四聯隊全景
〈本丸〉
〈二ノ丸〉
〈三ノ丸〉
←上ノ橋
〈堀〉

入隊式（『軍隊生活写真帖』〔歩兵第二十四聯隊，1922年〕より。陸上自衛隊福岡駐屯地広報史料館蔵）

兵卒が同館に入って来たのである。出征服は戦場に赴く際の軍服であり、即ちこれは異常事態の発生なのである。学校の正門は兵士の手によって閉鎖され、修猷館は第二十四連隊の支配下に置かれたのである。最初の軍隊の行動は予備偵察的なもので、館長の傍聴謝絶に副島少尉は次の行動に移ったと思われる。

副島少尉は「兇行者未だ明瞭せずや」（『修猷館再興録』）としきりに館長を責めたてた。そして生徒の取り調べを「参観」する権利があると強硬な態度で迫り、館長ならびに教頭の一同はこれを拒絶、軍隊の傍聴を断ったが、これに納得のいかない副島少尉は、逆に引率の兵士の隊列を解き、武器を持たせて校内を徘徊させる有様であった。寄宿舎取締役岸原金五郎は兵士徘徊の中止を求めたが、副島は、自分が認めたものであり、そのような事態もありうる、と冷淡な返答をするのみであった。

これより先、中隊が校内に入ると、職員に対して表門の他に出入り口があるかないかを尋ねており、そして表門を閉鎖したのである。それに続く武器を携えた兵士の校内徘徊である。これは当初から副島少尉が考えていた作戦の実行と思われる。校門を閉鎖して人の出入りを禁じるとともに、校内徘徊の兵士に教職員、生徒の動きを監視させ、誰一人校外に出さない袋のネズミ作戦と考えられる。校内には生徒寄宿舎もあり、取締役の岸原は生徒の身柄を預かる責任者として先のような副島少尉への要請を行ったのである。

こうした事態に腹をすえかねた小柄な教員大和俊吉は、『修猷館物語』によると、「黒田武士大和俊吉ここにあり」と名乗りをあげたが、「何を小癪な」と岡村軍曹の軍靴で蹴り上げられてしまったと伝えられている。

あまりにも無謀な軍隊の行動に、館長は後日のため県庁に現場確認を求め、県庁から属官渡辺村男と三課長後藤章臣が出張してきて辞を低くして兵士の引き揚げを要請したが、副島少尉はこれをも拒否したのであった。そのため後藤は兵営に出かけて折衝しているが、不調に終わっている。この後、渡辺村男は県庁に事態報告のため門を出ようとすると校門警備の兵に阻まれた。そこで副島少尉に向かって門を閉鎖する権限があるかを問うと、有りとの返答であり、県庁へ用向きのため門を出ることを告げて出るという有様であった。修猷館は完全に軍部の支配下に置かれていたのである。

取り調べも進み、館長は嫌疑のはれた百人余の生徒たちについては帰宅させたいと申し入れ、これらの生徒が帰宅を始めた時に事件が起こった。この件について『修猷館再興録』は次のように記している。

「岡村憤然として一年級生徒水野又太郎と云ふ者を引き来り　此の者三度迄予に突き中りたり　甚だ無礼者なり　然れば此の度の兇行者も定めて此の者なるべしとて引渡したり」

何とも短絡的な犯人断定である。生徒が三度もぶつかってくることは考えがたく、警備の兵士に体の触れた生徒が三人ほどいたのではなかろうか。そこで学校側は再度取り調べるのだが、この生徒は平素から篤実な人物であり、実際そのような行為は無かったことが判明したが、気のおさまらぬ岡村は館長に身柄を預けると主張し、館長もこれを受け入れざるを得なかった（「福陵新報」三月三十一日）。

五時頃になり、副島少尉は岡村軍曹と兵士一人を残して兵を引き揚げるが、「投石者はまだ判明しないのか」

と結果報告を求めた。「判明しない」と答える館長に確答時間を要求するばかりであり、館長は、調べる生徒が多く明二十六日の午後六時頃に返事する、と言うのがやっとであった。すると副島少尉は、残留させた岡村軍曹と兵士一人を取り調べに「参観」させることを要求するのであった。

館長は再びこれを拒絶し、県庁の渡辺村男も間に入って副島少尉を説得し、副島はやっと立ち会いを諦め、兵士二人を残して引き揚げたのであった。その後、大野又雄曹長がやって来て兵士は三人となる。県庁からも書記官山崎忠門が派遣され、山崎は大野曹長に兵士すべての引き揚げを要請したが、上官の命令で出張しているので独自の判断はできないとして、一旦連隊に戻り上官の意向を伺うことにした。

また県庁の山崎は館長に、投石者が判明しないと連隊に不都合なので、帰宅の生徒を即刻召集して取り調べを強化し、その結末を明朝連隊に報告するよう指示した。帰宅していた生徒は直ちに学校に呼び戻されて、厳重な取り調べを受けた。山崎はそれを見て帰庁している。事の発端は生徒の投石にあったが、軍隊の行動の発端は岡村軍曹にあり、それに便乗した副島少尉の〝修猷館占拠〟という常軌を逸した行動が事件を深刻化させることになったのである。

遅々として進まない調査結果の報告に業をにやした岡村軍曹は、十一時になって取り調べ結果の報告をせかした。館長は答えられずにいたが、そこに戻って来た大野曹長が、夜も更けたので兵卒を引き取るとして帰隊した。学校の取り調べはその後も続くが、さしたる結果も出ず、同夜は一同退館することにした。時刻は翌日の〇時三十五分になっていた。

翌二十六日、館長は出勤途中連隊に行き、副島少尉に会って前日の結果を報告し、直ちに学校に行き、前日に続いて取り調べを続行した。そこに県書記官山崎忠門が出張してきて、今日から修猷館と第二十四連隊との直接交渉は行わないこと、以後は県と連隊とで話し合うこととなったが、修猷館での調査は続行するようにと指示した。館長は県の指示に従い午後五時まで前日以上の厳しい取り調べを実施したが、確証となる結果は得られず、館長、教頭ならびに寄宿舎取締一同の進退伺いを出すことにしたのであった。ついで館長は前日の約束もあり、帰宅途中連隊に寄って報告を済ませている。

以上が修猷館と軍隊の交渉の経緯であるが、修猷館にとっては「天皇への不敬」を理由にした軍隊の横暴に翻弄された三日間であった。

自由民権運動の勃興と展開の中で、平民出身の兵士の中には自由民権運動に身を投ずる者もあり、政府は兵士の統制と天皇への忠誠心育成を図り、西郷隆盛が挙兵した西南戦争翌年の一八七八（明治十一）年に「軍人訓戒」、八二年には「軍人勅諭」を出して天皇の軍部支配を明確にしたのであった。八九年に発布された「大日本帝国憲法」第十一条でこれを統帥権として確定させたのであった。投石事件はこのような時代状況、帝国憲法発布の翌々年の一八九一年に発生したのである。

4　県知事による館長・教職員処分

ところで、この三日間の事件に対する県の対応はどのようなものであったか。すでにその対応ぶりについては述べているが、全般的に軍部に迎合的な感が残る。二十五日に出張してきた書記官山崎忠門は大野曹長に兵士引き揚げを要請するものの、館長に対しては「投石者が判明しないと連隊に対して不都合である」と取り調

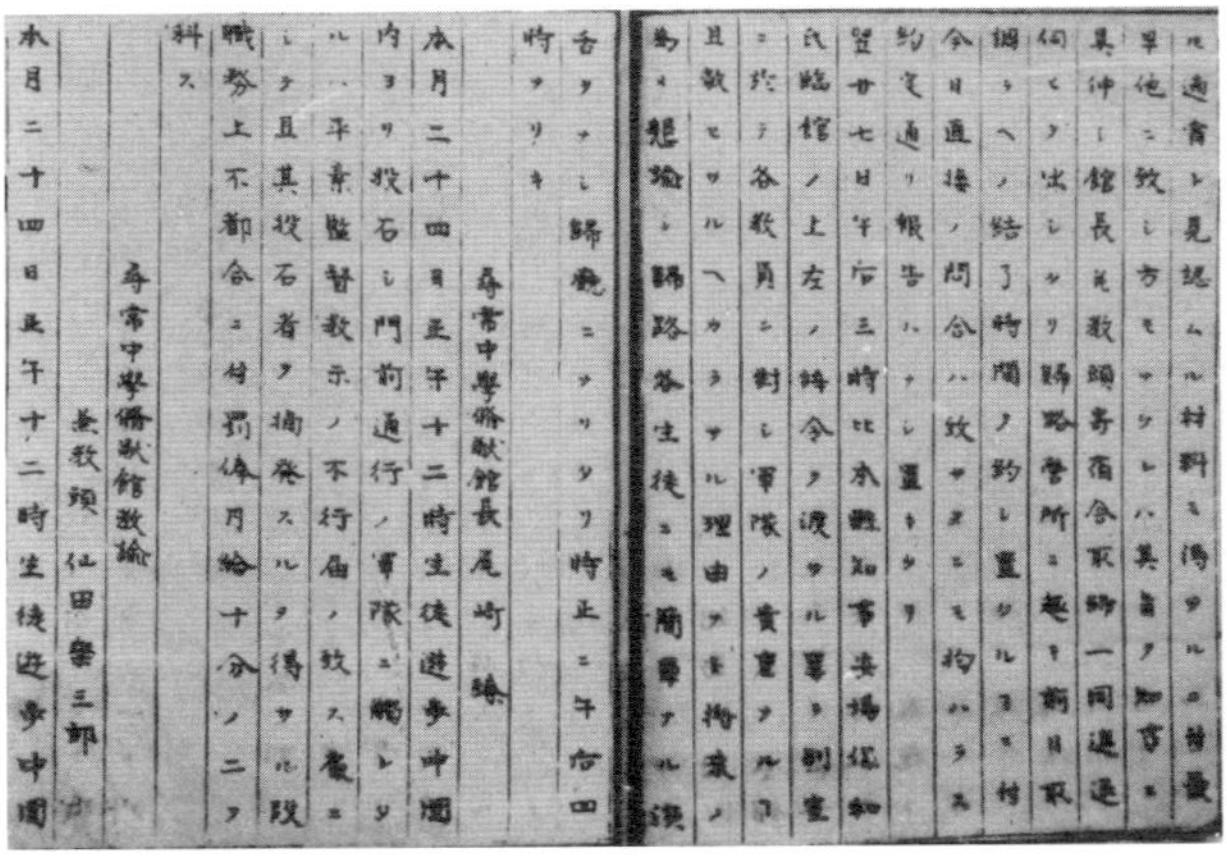

「投石事件書類」より，尾崎臻の処分内容を伝える部分。教頭仙田楽三郎の名前も見える

べを続行させ、取り調べの結末を連隊に赴いて報告しておくよう指示している。投石者は修猷生の中におり、その摘発を厳命するかのような発言である。

どうも県は軍部の行動に理解を示し、修猷館と連隊との直接交渉をやめさせ、投石者は修猷生の中にいることを前提にして軍隊の行動を精査することなく、県と連隊との間で事件の早期終結を急いでいるかのような対応ぶりだ。

翌二十七日午後三時頃、県知事はまず福岡連隊を訪れ、その足で修猷館に来て左記の教職員処分を行ったのである。処分理由は平素生徒への監督ならびに生活指導の不行き届き、加えて投石者を摘発できなかったことを上げている。電光石火の如き素早い処分である。『修猷館再興録』によれば、処分内容は以下の通りである。

館長	尾崎　臻	罰俸月給ノ十分ノ二
教頭	仙田楽三郎	罰俸月給ノ十分ノ一
寄宿舎取締助教諭	岸原金五郎	譴責
書記兼寄宿舎取締	宮本　貢	譴責
同	関　秀麿	譴責

知事は処分辞令を渡したのち教職員を別室に集め、軍隊の役割の重要性、軍隊を尊敬すべき理由などを訓示し、生徒たちにも一場の演説をして帰って行った。連隊の了解を得た上での処分と言わざるを得ない。

以上五人の処分であったが、館長・教頭の処分は学校管理者としてありうるが、寄宿舎取締への譴責処分は寄宿舎取締助教諭の岸原金五郎が副島少尉に抗議したことによるものであろうが、他の取締書記は連座しての処分と推測される。裏を返せば、侵入した兵士たちは寄宿舎周辺を重点的に徘徊したと推測される。

5 「天皇の軍隊」

歩兵第二十四連隊の行動の根拠となったのは、一八八二（明治十五）年に明治天皇より下賜（かし）された「軍人勅諭」の中にある「朕は汝等軍人の大元帥なるぞ」であり、加えて軍人の忠節・礼儀・武勇・信義・質素を明文化した条文であった。そして八九年二月に「大日本帝国憲法」が発布され、天皇大権としての陸海軍統帥権が明確になったことにあった。軍人の間では最頂点に天皇を戴く軍隊、すなわち「天皇の軍隊」との意識が強化されたことは間違いない。

これ以前においても、一八七一（明治四）年九月、日清修好条規が締結されたが、十一月になって台湾に漂着した琉球島民が殺害される事件が発生した。七三年三月には小田県（のち岡山県に編入）住民が漂着して所持物を略奪されるという事件も発生した。そこで国内では台湾出兵問題が台頭した。結局、西郷従道が台湾蕃地事務都督に任命されて台湾出兵となり、清国は賠償金五〇万テール（約七十五万円）と遺族には一〇万テール（約十五万円）を支払うことになった。

また朝鮮問題では、一八七三（明治六）年の征韓論争問題以降、朝鮮王朝の内部抗争に乗じて内政干渉を行って出兵の意向を示していたが、七五年の江華島事件を契機に軍事衝突を起こし、七六年、日本は高圧的に不平等条約である日朝修好条規を締結させ、朝鮮における経済的利権を確保したのであった。その後、朝鮮内部では対日友好派と対清依存派の対立があり、八二年に壬午事変、八四年に甲申事変が起こる。日本はいずれにも出兵して損害を被るが、両事変への朝鮮側の謝罪と賠償金支払いならびに日本軍の駐留を認めさせたのであった。これらの軍部の行動は負け戦でなく、賠償金獲得という成果を上げており、勝ち戦を好む国民の間に好感をもって受け入れられていたとも考えられる。

しかし甲申の変では宗主国として清国も出兵し、日清両国軍が駐留する事態が生じていた。これは一八八五（明治十八）年の天津条約で両国軍の撤兵が合意されたが、その後も朝鮮での経済的利権を確保しようとする日本と、宗主権の拡大を試みる清国の親露的動きがあり、日本の経済利権は後退状態となった。そのため日本は日清戦争を想定して軍備増強を図ったのである。これらの情勢が軍部横暴化の背景にあったことは否めない。

修猷館投石事件はこのような時期に発生したのである。

第三章　事件の展開と波紋

1　市民の「修猷生」観と軍人観

三月二十五日、福岡連隊の一中隊が出動して修猷館の正門を閉鎖し、人の出入を禁止し始めると、市民たちが続々と集まり始めた。「福陵新報」は、館長以下の処分終了後の、二十九日と三十一日の二日にわたって事件の詳細を報道するが、「福岡日日新聞」は二十行程度の短い記事を載せ、「既に落着」と報道して詳細な記事を載せていない。両新聞は際立った違いを見せている。「福陵新報」の報道は、事件の経緯だけでなく、周辺の状況まで報道している。そして「英語を以て誹謗せしか」と「兵隊は国の干城（楯と城の意）なり」の記事を載せ、修猷生への警告と軍部への忠告を発している。

修猷生に対しての論調は次のようなものであった。「人々の伝えるところによると、修猷館の生徒の中には第二十四連隊の兵士の通行を眺めて、英語でもって彼らを誹謗し、次いで冷笑することがしばしば見られる。〈中略〉若しもこのようなことが一回でもあるとするなら学生の身分として不徳極まりないことというべきである。このようなことが続くならば遂には今回のような大事件に至るのである。人々の噂を記して学生諸君の参考に供するものである」（筆者意訳）と修猷生に警告を発している。とにかく当時の兵隊と修猷生は仲が悪かったようである。

現代と異なり、当時の中学生の年齢はまちまちであり、中には兵役を免除された十七歳以上の在校生もおり、体も大きく兵隊並みの体格をしていた。しかも当時の修猷館は県内最高の学府であり、他県の中学と違って英語の原書教科書を使って正則英語で授業を受けており、兵士たちの理解できない英語で悪口を言うことは可能であった。時代はやや下るが、貝原収蔵（明治三十二卒）は「旧士族や地主の子弟の多い修猷の生徒と小作農出身が主力の兵隊は、普段から仲が悪かった」と語っている。

また、「福陵新報」は、「兵隊は国の干城である。その国家の干城である兵士に向かって万々過失にもせよ、礫を投じて負傷せしむるとは言語道断のことと言うべきである。岡村軍曹の所謂天皇陛下に対し奉りて不敬なるものなり。一少尉の談判にても事済むべきを、特に一中隊程を率い来たりて同館に詰めかけられたるは、もとよりそれが原因である。世人もその談判の至当にしてかつ丁寧なるに感じたるが如し。さりながら権利あればここに義務あり。福岡衛戍の兵卒諸氏が後来いよいよその身を鄭重にせられんことを希望して已まざるものなり」（筆者の意訳）と、兵士にも今後の行動への期待を述べている。

「福陵新報」の記事には世人の「修猷生」観と軍人観が窺える。福岡の街では修猷生は特別視され、時として誹謗される存在ともなっていたようだ。それに比べ軍人は、国の干城として存在意義を称揚されながらも、「福陵新報」は武力を背景とする威嚇的行動に警告を発している。天皇に対する不敬行為であるとすることに疑問を抱き、副島少尉の判断一つで談判だけで済むべきものを、一中隊を派遣してまでの行動に批判的論調を展開している。

このような事態に至った背景については先にも述べたが、四民平等の世とはいえ、当時の修猷館生には士族や地主階層の子弟が多く、兵士には主として農家の次・三男や小作農出身者が多かった。このような潜在的階層対立が投石事件の背景にあったことが考えられる。

2　館長のストライキ

減俸処分を受けた尾崎館長は、四月二日午後三時頃、病気を理由とする辞表を当直教員に送り、県庁へ提出することを依頼している。翌日は県内の修猷・明善・豊津の三中学が宗像郡花見松原（現福津市）で合同運動会を開くことになっていた。他の教員たちは宗像郡に出張していたのである。ただし館長は出張せず、自宅に閉じこもっていた。依頼された居残り職員は辞表取り扱いの判断を留保したが、結局県庁への進達となっている。県は慰留に努めたが館長の辞意固く、受理されないことを知った館長はさらに日付不明だが再度の辞表を提出している。

この時以来、館長は自宅に引きこもり、学校は館長不在となった。黒田家との文書の往復も自宅で行ったようで、館長の引きこもりはその後九十五日間に及び、異常事態となった。館長のストライキである。

このような事態に対し、四月八日に文部省専門学務局ならびに黒田長成から県へ電報でもって問い合わせが届いている。県は文部省と黒田家に、館長は黒田家に報告を行っているが、内容は館長報告分しか残っていない。当初から両者の軍の行動への認識に差異があり、特に県は軍隊に迎合的であり、両者の報告にはかなりの相違があったことが想像される。

また同日、「長崎新報」（この新聞は現在長崎県内の図書館では所蔵されていないようで、「福岡日日新聞」所載の紹介記事を利用するしかなかった）は投石事件を取り上げ、安場知事の教職員処分のあり方を批判し、処分に至る過程における連隊との交渉に疑問を投げかけている。連隊がどのような事情で一中隊を学校に派遣したかを明確にすることなく、知事は処分をいきなり断行したとし、民生を預かる牧民官としてどれだけ意を尽くしたか不明確であるとし、これを批判している。新聞としての投石事件批判第一号であった。

県の館長ならびに職員への処分から一カ月近くになる四月二十日、尾崎館長は安場県知事宛に質問書を出している。現場にあって直接軍部と交渉に当たり、その中での疑問を知事にぶつけたのである。その主な内容は『修猷館再興録』によれば次のようなものであった。

「武器ヲ携ヘタル儘館内ヲ封鎖シ　生徒ノ帰路ヲ遮断シ　兵卒ヲ放チ館舎内外ヲ猥リニ徘徊セシメ　寄宿舎取締役ヨリ制止ヲ要スルニモ肯ンセス　修猷館ヲ蹂躙スルニ至ルハ　将来教育上ノ方針ニ関シ　彼我是非ヲ論スルニ　小官黒田家ノ質問ニ対シテモ甚タ答弁ニ苦ム処ニシテ　県立学校ノ資格ニ於テ之ヲ黙視スヘキ者ナルヤ否ヤ　大ニ疑問ニ属シ候条　此ノ段相伺候也」

尾崎館長は、県立学校という教育行政機関の部署を預かる身として、目の当たりに展開する軍部の教育干渉に疑問を感じ、切歯扼腕（せっしやくわん）の思いを抱いていたことが窺える。

一方、事件の三年前の一八八八（明治二十一）年五月、焼失した修猷館の新しい敷地確保と施設整備のため「修猷学会」が結成されたが、同年十二月、県会決議で県立福岡中学と合併することになり、翌八九年の三月、福岡県立尋常中学修猷館となり、生徒数が一気に増加した。修猷館教育内容の充実も新たな問題として浮上してきた。

一八九一（明治二十四）年の同学会は、投石事件後の四月十七日に定期会合を開催し、修猷館維持寄付金四万円の募集とその割り当てならびに集金方法、それに役員選出を行って会議を終了したが、会議終了後、会員の県議吉田鞆次郎から投石事件のことが提出される。参会者一同は事の重大さを認め合うことになる。

その内容は「はたして生徒が投石したものであるか」、「陸軍が一中隊を修猷館に侵入させたことは軍規によるものであるか」、「館長以下の処分は相当の理由あってのものであるか」であった。ただし会の性格上、問題の取り扱いは修猷学会の名で行わず、会員有志でもって調査活動をすることとし、翌日修猷館で有志者協議会を開催することを決定している。この時の意見は前述のように「軍隊の行動は軍規によるものか」、「投石者が判明していない状況の中で教職員を処分したことは妥当であるかどうか」にあり、「立憲主義違反」の言葉は見られないが、立憲主義に抵触することを問題視している。

有志者による調査とその後の活動は半年にわたり、東京の省庁との折衝も加わることになるが、この点については別項で詳しく述べたい。

3　尾崎館長と尊攘運動

尾崎は一八四二（天保十三）年二月、鳥飼（とりかい）（福岡市中央区）の尾崎惣左衛門の子として生まれる。尾崎逸蔵臻を称し、成人後は臻のみを称している。青少年期は藩学修猷館に学んだと思われる。

幕末福岡藩の上層部では、公武合体に連なる藩主長溥を支持する一派と尊王攘夷派との対立が激しく、父惣左衛門は尊攘派武士として活動している。一八六三（文久三）年、会津・薩摩両藩を中心とする公武合体派と長州藩を中心とする尊攘派との対立が激しくなり、公武合体派が尊攘派を京都から追放（八月十八日の政変）、尊攘

幕末に尊攘運動に奔走した尾崎臻（左端）の姿。
明治の散髪脱刀令（1871年）の頃と思われる。
蝙蝠傘が珍しい（『修猷館百八十年史』より）

派七卿も長州へ落ち延びた（七卿落ち）。翌六四（元治元）年、禁門の変、第一次長州戦争を経て、三条実美以下五人の公卿を筑紫に移す（五卿落ち）ことが決定されると、福岡藩尊攘派の動きはさらに活発化する。

公武合体的立場をとる藩主長溥は、尊攘派武士たちが彼を犬鳴別館に隠棲させようとする噂のあることを知らされて激昂し、尊攘派武士約一四〇人に対し、切腹、斬殺、離島への流刑、牢居などの処罰を断行した。いわゆる乙丑の獄（慶応の変）である。

尾崎の父惣左衛門は割腹、父の影響を受けていた子の逸蔵臻も熱烈な尊攘活動を行っていたようで、宗像大島（宗像市）へ流刑となっている。刑を解かれたのち、維新後まもなく「学問所師南加勢助」に登用され、「師南加勢役」、「師南本役助」へと昇進している（以上、『修猷館百八十年史』に写真掲載の尾崎の履歴書による）。その後も修猷館教師として士族の子弟の教育に当たったものと思われる。また古代神道研究者でもあり、辛島並樹との共著『日本上古略史』で伯家神道を紹介している。修猷館長退職後は、小烏馬場にあった（福岡市中央区天神二丁目）光雲神社宮司を務めている。光雲神社が現在の西公園に遷座するのは一九〇七（明治四十）年のことである。

一八七四（明治七）年一月、江藤新平、板垣退助らによる民撰議院設立建白書が出されると、福岡でも自由民権運動の動きが見られるようになる。翌七五年二月、大阪で愛国社結成大会が開かれ、福岡から武部小四郎、越智彦四郎が出席している。帰福半年後、矯志社（武部）、強忍社（越智）、堅志社（箱田六輔）の三政社が誕生し、これと並行して尾崎臻を社長とする代言人業である一到舎も誕生した。代言人業とは一種の弁護士業務であり、一八七二年、太政官は訴訟を代理する代言人を認める「代理規則」を布告したが、これは職業としてのものでなく、代言人が職業となるのは七六年になってからのことである。

尾崎の一到舎は、矯志社などの三政社に対して指導的立場にあったようだ（石瀧豊美『玄洋社発掘——もうひとつの自由民権』）。一到舎は教育機関として十一学舎も設立していたが、三政社のうち矯志社の武部、強忍社の越智が、一八七七（明治十）年の西南戦争に呼応して福岡で挙兵したものの失敗（福岡の変）、捕らえられて斬殺された後、十一学舎は閉鎖された。

一方、一八七八（明治十一）年に福岡師範学校に付属変則中学校が誕生したが、翌年独立して県立福岡中学校となる。そして八〇〜八二年の三年間は尾崎臻が校長を務めていた。また彼は福岡県教育会の設立にも参画している。その後、八八年、早良郡選出の県会議員中村耕介の死亡により、補選で県会議員となるが、翌年七月、修猷館長任用により失職している。

尾崎臻は、若くして父惣左衛門の影響を受けて幕末の尊王攘夷運動に関わり、乙丑の獄では宗像大島への流刑を体験し、明治維新後はその学力をかわれて藩学修猷館教師となり、自由民権運動勃興期には代言業を行う一到舎の社長として政社を指導するとともに、十一学社を設立して子弟の教育にあたるなど、知識人として知られた人物であった。

彼が修猷館の館長に就任した背景には、藩学修猷館教師、県立福岡中学校長の履歴があったことも大きな要因と想像される。また投石事件における彼の行動、知事への質問書、黒田長成への回答書などに見られる思想には尊攘運動、自由民権運動に関わった政治履歴が見て取れる。

4　政治問題化する投石事件

このような福岡における動きに対して、四月二十三日付「福陵新報」は、歩兵第二十四連隊の上部組織である熊本第六師団から「事件の顚末と詳細具申」要求の通達が届き、これに対して第二十四連隊は「事件はすでに落着しており、もはや記すこともない」と報告したことを漏れ聞いている、とのやや不確かな記事を載せている。

事件発生から二週間程経過する頃から、軍部の行動に関しての種々の論評も出始め、文部省から連絡を受けた陸軍省が無視できない事態と判断したようで、第六師団に指示して第二十四連隊への照会となったようだ。実際に第六師団へ報告がなされたか否かは不明だが、「福陵新報」の「最早記すべきなき旨を以て回答ありたるやに漏れ聞きぬ」という文面からすると、報告は行われていないと考えられる。不可解な第二十四連隊の対応である。知事と連隊とで事件の幕引きを図ったとの印象をいっそう強くさせる。

さらに「福陵新報」は、陸軍省や内務省では「士官が軍隊を引率して談判したことは当を得たものではない」との議論のあったことも伝えている。すでにこの事件は中央省庁でも知られ、省庁内の一部では違法性の論議もなされるようになっていたようだ。

このような状況の中、四月二十八日付「福陵新報」は、長文の「教育と軍規」と題する論説を載せて第二十四連隊の対応を批判している。論説は明治時代の文体で、悪文かつ難解な内容であるが、その要旨の一部を私なりに意訳し概略を次に記す。

「我が国の教育は徳育・知育・体育でもって構成されているが、どれ一つを欠いても教育は完全なものではなくなってしまう。ところが明治維新以来、西洋の文物導入により、知育偏重の傾向が見られるようになり、その弊害をなくすため武育（歩兵操練）を学科の中に採用したのである。したがって学生は将来の軍人ともなるべき人材である。つまりこれは国民に護国の意気を啓発し、その精神を注入することにある。ただ単に軍人だけが護国の任を独占し、国民がこれを尊敬するといったものではない。

すなわち教育において学生は軍人を崇敬すると同時に、いっそう精神の高揚を図って軍人と肩を並べるほどの意気込みがあってしかるべきである。国が教育を重視するゆえんはここにあり、国の教育方針は単に教育社会のみ、あるいは軍人社会の一部でもって動かしてはならないとするものである。

現在、修猷学会の有志たちが調査しているのは、修猷館教職員の意向はどのようなものであるか、知事の処分ははたして妥当なものであるか、軍隊出動の根拠となる軍規はどのようなものであるか、の点を討議の重要な柱にせんとするものである。ただしこれらは衝突の直接的契機は何であるかを云々するだけのものであり、重要なのはもっと他に衝突の原因となる問題が存在していなかったかである。ここで危惧するのは、この事件で国家教育の方針を誤るようなことが今後起こらないかということである」

「福陵新報」は、単なる投石事件の発端を究明することなどは問題でなく、この事件の結果が将来の国家教育に悪影響を及ぼすことを危惧し、投石だけでなく、他に衝突に至る原因が存在しないかを調べる必要性を指摘している。当時の修猷生と軍人は仲が悪かったこと、社会的には四民平等を呼号しながらも士族・豪農・豪商層と小作農を中心とする平民層の潜在的階層対立が存在していたことなどもあり、もっと深い原因が存在していないかを含めて、単に一地方の出来事としてだけでなく、将来の国家教育のための調査を要望しているようだ。そして、最後はこう結んでいる。「今回の衝突事件は一応の終結をみたものの、もっと深い原因が存していなかったかまで調査し、教育と軍規の衝突をなくすことにある。教育の未来のため、今回の事件を一時的できごとで済ますことなく調査を行うべきである」

このような報道が中央に知られるようになると、東京の新聞にも投石事件が報道されるようになり、「郵便報知新聞」は五月七日に次のような見出しの記事を出している。

「福岡修猷館生徒の投石から

一中隊の兵士学校に厳談す　知事の校長不当処分を憤り黒田侯爵起つ」

そして黒田長成の動向を次のように記している。

「質疑書を内務、陸軍両大臣に捧呈せんとて起草中なり。両大臣にして若し之（注：軍部の行動）を正当と認むる暁には、侯爵は断然修猷館を閉ぢ、更に私立学校を新設する決心なりとぞ」

黒田長成の怒りのほどが推測される記事である。また、市民の動きとして市の有志者五名（修猷学会有志者の調査委員）を上京させて、質疑書を内務・陸軍両大臣に捧呈するため起草中であることも記している。すでに投石事件を「立憲主義違反」として抗議している黒田長成によって、事件は中央でも政治問題化し始めたのであった。

四月二十四日の黒田長成から安場知事への質問書の中には「当家ニ於テハ将来学校ノ方針ニ関シ大イニ憂慮スル所アリ　且ツ同館ノ基礎ニモ影響ヲ及ホシ　爾後此学校ヲ継続スル上ニ付キ重大ナル責任ヲ負ハサルヲ得ス」（『修猷館再興録』）とあり、場合によっては修猷館の私立学校化を考えていたことは事実のようである。

5 新聞投書に見る事件の反響

ここでいくつかの新聞投書（紙面ではいずれも「寄書」とある）を紹介しておきたい。

四月二十九日の「福陵新報」は「修猷館の事変に就きて」（「在京　内海安太郎」）と「修猷館投石事件に付て」（「在京　金竜山人」）を掲載している。前者はかなりの長文で、後者は十行余と短いが、その内容を口語体の意訳でここに紹介したい。

まず、内海安太郎の投書。

「もし修猷館生の投げたものであるならば当然謝罪すべきものである。犯人が修猷館生であるかどうかわからない段階で、軍隊は性急に犯人の取り調べと犯人差し出しを請求し、犯人の判明しないなかで県は館長以下の罰俸、譴責処分を行い、館長の辞表提出となってしまったが、その結果を馬耳東風と聞き流す修猷館生の勇気のなさを悲しむものである」

内海は、修猷館生が軍隊の横暴に唯々諾々としている姿に歯ぎしりをしているようだが、これは東京在住で情報不足によるものであって、生徒の中には学校の取り調べ状況と軍隊の横暴に切歯扼腕する者もあり、館長の軍隊への対応に不満を漏らす生徒がいたことも事実のようである。

当時一年生であり、一八九五（明治二十八）年卒業の左座金蔵は、「もし上級生の尾形次郎あたりが号令をかけたら、教練用の銃をとって突撃し、学校を枕に討ち死にも辞さなかったかもしれない」（一九三五年、創立五十周年記念『修猷』）と後年語っている。事件から四十年以上も経過しており、文章中には記憶違いも見られ、すべてを信用できないが、生徒にも耐えがたい体験をさせているようだ。

さらに内海は、軍隊の行動を強く批判する。むしろ岡村の行動をこそ不敬としている。

「岡村軍曹の事態は軽少に見えても、事は軍隊を軽蔑しただけでなく、天皇に対し奉り最も不敬というべきものである。しかし即刻調べて犯人を差し出すようにとの言葉は、自分にとって怪訝に耐えないところである。故意に投げられたものであれば軍隊を軽蔑したことになるが、偶然に通行中の軍隊兵士に触れたものであれば、軍隊軽蔑というのは甚だしい言いがかりである。天皇陛下に対して不敬というに至っては噴飯ものである」

「明治になって国民皆兵制となり、現役の兵士のみが国の干城ではない。兵籍に登録された十七歳から四十歳までの男性は皆干城であり、これら兵籍にある男性を侮辱することも不敬に該当する。

現役の軍人の威厳を犯してならないことは当然ながら、単なる過失によって軽蔑を受けたと激昂するのを見て悲しみを感じる。投石者を出せ、というあたりはますますがっかりさせられるところである。差し出された投石者をどのように取り扱うのか。軍隊に拘引するということはいかなる部隊でもできないことであり、投石生徒を説諭するだけなら何故館長にまで談判に及んだのか。この行動は軍隊の行き過ぎた行動である。

士官に引率された兵士が銃を持って学校内を横行し、あまつさえ校門を閉鎖して兵士たちが生徒の出入りを禁止するとは、国賊に対する軍事手段である。国の干城をもって自認する兵士たちが、小さな出来事を犯した個人を責めるとは、自らを侮る愚かな行為であり、士官が兵士を引率して修猷館を蹂躙したことは、自らが天皇大権を犯したことになり得ない〔ママ〕のか」

内海は、第二十四連隊の行動を全面的に批判し、「そのうえでこのような事件は刑法でもって処理される筋合いのものである」と言う。これに続けて館長処分問題、生徒の対応のあり方についても意見を述べている。

「もっとも気の毒なのは館長以下の罰俸、譴責処分である。生徒の一挙一動ことごとくまでの責任を持たせるのは酷である。天下の学校には幾万もの生徒がおり、彼らの中には校則や法律に違反する者のいることはしばしば聞くところである。これをあげて校長以下職員の不行き届きにするようなことは、未だかつて聞いたことがない。軍隊にかかわる事件なるがゆえに丁重に取り扱わねばならないなんて、聞いたこともない。

修猷館の生徒が投石したことがはっきりしない中で、事件の早期落着をはかるため姑息な手段をとったとするならば、館長以下の教職員はこの事件の犠牲(いけにえ)に供されたというべきであろう」

このように内海は、法治主義思想でもって軍隊の行動、県知事の館長以下教職員処分に真っ向から反対意見を述べ、さらに生徒たちに「生徒諸君は兵士を恐れたのか。銃砲は国賊に対して発すべきものであって、国賊でもない生徒諸君は何もおそれることはないのである」と檄をとばしている。

もう一人の投書者「金竜山人」も、徹底した軍隊、県知事批判者である。その言葉を前者に同じく意訳して次に記す。

「兵士の詰問威嚇、修猷館への侵入、これらは軍部の越権行為ではないのか。知事による罰俸、譴責は適法といえるのか。ただ唯々諾々として従順恭謙の姿勢を示したのか。ただ勇心勃々の気概を持つ学生諸君が恥を忍んで非理を受け入れるのは、青年の元気は衰えたと言わざるを得ない。将来の日本を受け継いで幾多の大事業に、大艱難に当たらねばならない者たちが、才芸あっても気骨がなければ将来の日本を背負うことはできない」

修猷館の生徒は軍隊に対抗する気概と勇気を持ってもらいたい、と短文ながら前者と同様な意見を述べている。

四月二十九日に続いて五月七日、匿名の「東京　ＹＯ生」は「投石事件に就て」と題する投書をしている。ここではアメリカ独立前の英国兵士による小児遊技場破壊事件をあげ、子供たちは長官に抗議し、長官も兵士の非を認めた実話を紹介し、投石事件を法律論の立場から批判している。

「軍人は国の干城であり、我々は敬愛尊重しなければならないが、兵士も自らに厳粛であらねばならない。今回の事件はこの士官にしてこの兵士ありの感をまぬかれない。そもそも家宅は人の城塞であり、みだりに侵入してはならないのである。これは憲法二十五条に明記しているところであり、刑法でもって処罰されるものである。修猷館は住居ではないが館長の管理するところのものであり、軍人といえどもみだりに侵入することはできない。館長が拒んでいるのに侵入するとは何という暴挙であるか。

次に、館長以下の処罰についてもその不当性を述べざるを得ない。おおよそ犯人を罰するには証拠が必要である。ところが、投石者が誰であるかまったく判明していない。士官は何をよりどころとして修猷館生を投石犯人とするのか。一方知事は、犯人が修猷館生の中にいると確信し、犯人を解明できない館長に責任を負わせるべきであると処分を断行するのは早計にすぎないか。無から有を生ぜさせることはなく、館長が処分を受ける理由はまったくないといえる」

「ＹＯ生」は二度にわたって軍部と知事を批判する投書をしている。しかしすべての投書が軍部、知事批判だけではない。「ＹＯ生」も六月十日の投書では次のように述べている。

「知事は政府の指揮を受けても、黒田家の指揮を受ける理由はない。黒田家の出費によって修猷館が維持されていることからすれば、館長処分についても黒田家へ相談あるべきだが、学校管理については知事に委ねることは黒田家も承知のことであり、知事が黒田家の指揮を受ける必要はないのである。知事も軍部も間違っているが、だからといって出費を停止する云々の言葉は妥当でなく、黒田家のためにも青年たちのためにも悲しみを覚える」

修猷館維持資金の出資に敬意を表しながらも、旧藩主家であるといって県への威嚇ともとれる発言に苦言を呈している。

前に触れた「郵便報知新聞」が伝える記事の背景には、福岡県知事安場保和の黒田家への初期の対応ぶりがある。「福岡日日新聞」によると四月八日、文部省専門学務局ならびに黒田長成は電報で福岡県に投石事件に関しての詳細な内容を問い合わせている。この時、安場知事は文部省と黒田家へ、修猷館長は四月十一日に黒田家へ詳細な報告をしている。県の報告内容は不明だが、この点については別項で詳しく述べたい。この時の長成の県への苛立ちが新聞に報道され、これが前記のような投書となっているようだ。

県は事件の早期終結を図っており、六月二十八日、「福陵新報」は県庁内部の役人の投書を載せ、事件が中央政界にまで発展してきたことへの嫌悪感を次のように述べている。「陸軍を攻撃するなど国のことを思わない者のすることとである」とし、「知事攻撃ならこちらに準備もあり、なんでもないことであると誇らしげに語っている」と一連の投石事件批判に反撃するような空気のあることを伝えている。

しかし新聞論評、個人投書はあげて軍部の行動、県知事の教職員処分に批判を加えている。わずかに県庁内部において軍部の行動を支持し、県の対応の正当性を主張しているだけである。

このような状況の中で事件は福岡県と黒田家の対立となり、中央政界をも巻き込んでいくのである。

第四章　黒田家と修猷学会の動向

1　黒田長成の質問書

県知事、修猷館長の報告内容は、現在のところ修猷館のものしか判明していない。しかし、両者の報告に目を通した長成は県と修猷館の報告に食い違いがあることに気づき、四月二十四日に安場知事へ質問書を送っている。特に県の対応への主な疑問点として次の三点を上げている。

第一　副島少尉が出征服を着用させ、一中隊を引率して修猷館に侵入し、館長に談判したこと。
第二　投石者を取り調べ中の修猷館に侵入し、中隊兵士の取り調べ参観を申し入れ、加えて銃を携行させた兵士に館内を徘徊させたこと。
第三　さらに表門を閉鎖して兵士に警護させ、教職員、生徒の出入りを禁じたこと。

以上の行為は軍隊による行政干渉とも言えるものであり、軍規に違反するものではないか、もっと審理を尽くすべきであるとし、さらにこの事件で「筑前人民」は激昂し、福岡にある修猷学会は会議を開いて、福岡市とその近郷から委員を出して調査を始め、しかるべき筋に建白することを決議したと聞いている――。

黒田長成は、尾崎館長が県の慰留にもかかわらず再度辞表提出を行っているとして、上記の三件の疑問が解消しないと「筑前人民」の激昂を鎮定することはできないと強硬な意見を述べ、そのうえで館長の後任を人選しようにもその職責に耐えられる人材は得難いこと、黒田家としても学校の将来に憂慮するところがあり、学校を継続するかしないか重大な決意をしなければならない、と今後の資金提供の問題にまで言及している。

一八八九（明治二十二）年二月に帝国憲法が発布されたが、立憲主義国家では司法・立法・行政の三権が分立し、そのもとで法規に基づいて各機関が機能を行使すべきものであることを長成は理解していたのである。先述したが、黒田長成は一八八四年から八八年までケンブリッジ大学に留学しており、西欧の立憲君主制国家においての憲法は各機関の独断的暴走を抑制する役割を持っていることを知っていた。つまり立憲主義国家の在り方を理解していたのである。

それにしても、帝国憲法発布から二年後にこれを指摘したのは卓見である。現代でもしばしば「立憲主義」の用語が新聞紙上を賑わしているが、明治時代においてしかも投石事件以前に、軍部の独走に対して「立憲主義違反」の論陣を張った事件が存在したか否か――おそらく日本最初ではなかったか。

黒田長成修猷館第2代館長。貴族院議員であったので修猷館には赴任せず，代理館長今立吐水を福岡に赴任させていた（『修猷館百八十年史』より）

黒田長成は先にあげた三つの疑問点について、次のように述べている（『修猷館再興録』）。

「右三件タルヤ軍隊ノ行政ニ干渉スルモノナルカ如シ　是レ果シテ陸軍ノ軍規ニ背戻セサルヤ否ハ　尤モ審査セサルヲ得サルモノナリ」

陸軍の軍規違反についてもっと審理を尽くすべきである、と県の拙速な事件終息策を批判している。この三つの疑問点をはっきりさせないと解決の方途はない、として現地の修猷学会の激昂ぶりと、再度にわたる館長の辞表提出問題について意見を述べたのであった。館長の後任にどのような人物を選んでもこれを引き継ぐような人材は得られないであろう、このような事態では修猷館の基礎にも影響を及ぼし、この学校の継続についても重大な決意をしなくてはならない、と先に述べたような抗議となったのである。

そして最後に、「今回ノ如ク　陸軍士官ハ直ニ軍隊ヲ率ヰ来リ修猷館ニ侵入シ　其門戸ヲ閉鎖スル等ノ事アルニ於テハ　軍人ヲシテ常ニ行政ニ干渉セシメ　立憲政治ノ効用ヲ空クシ　後来容易ナラサル事件ヲ惹起スルヤモ計リ難ク」と、今回の軍の行動は立憲政治を危うくするものであるとし、国の将来に警告を発したのである。この知事への質問書は文部省にも送致されており、黒田長成の立腹のほども窺える。

一方、四月二十日、知事への質問書を出した尾崎館長は、県からの返答がなかったためか、四月二十七日に再度の質問書を出している。この質問書には次のような館長の思いが記されている（『修猷館再興録』）。

「然ラハ教育上ノ独立何ヲ以テカ企図シ　教導ノ方針何ヲ以テカ立タン　抑モ軍隊カ当館ニ於ケル挙動ハ其軍規ノ拠ル所アリテ然リシカ　将タ全ク士官カ臨機ノ処置ニ出タリシ者ナルカ　後来教育ト軍事トノ権衡交渉ニ於テ国家ノ利害ノ関スル所浅鮮（せんせん）ナラス　仮令本職カ職務外ヲ以テ之ヲ見ルモ黙過シ能ハサルモノ有之　依ツテ御明示相成度此段相伺候也」

教育の独立を重視する館長として軍隊の干渉にどう対応すべきかを、県知事に伺いをたてても返事がないため、今回の事態を放置すると将来このような事件が起こった時、国家としても重大な事態が起こる可能性がある、と強い態度で知事に回答を求めているのだが、前回同様に知事は何の回答もしなかったのである。黒田長成が県知事に質問書を出したのは四月二十四日のことであるが、尾崎館長はこれを見ていないのである。しかし、軍部による教育行政への干渉ではないか、という危惧の感覚は黒田長成と同じであった。ただ尾崎には「立憲主義違反」とまでの認識はなかったようである。

2　福岡県側の反論

黒田長成からの質問書に対して、県知事は即座に対応していない。長成は五月六日、電報を打っている。内容を口語に意訳すると次のようなものである。

「投石事件に就いてご照会しましたが、その後の進行状況はいかがでしょうか。なにとぞ明後八日までご回答ください。当方にも急がなければならない事情があり、もし同日まで回答が無ければ、やむを得ず主務大臣（文部大臣）に別途文書を差し出す予定です。早急に県を指揮するよういたさせたく、念のため照会しておきます」

かなり強硬な態度の催促状である。

また、文部省専門学務局長の浜尾新も、黒田長成から修猷館長の報告内容についての知らせに接し、黒田長成より一日遅れて福岡県知事に投石事件の問い合わせと報告を求めている。この電報を受けた知事はあわてて重い腰を上げ、事件現場に立ち会った県属渡辺村男に回答書を作成させている。渡辺は尾崎館長が黒田家に報告した文書について、十一点にわたって逐一反論を行って知事に提出している。この文書は翌八日に黒田家へ

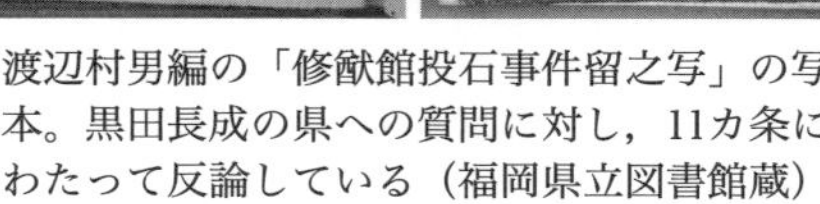

渡辺村男編の「修猷館投石事件留之写」の写本。黒田長成の県への質問に対し，11カ条にわたって反論している（福岡県立図書館蔵）

送られたが、加えて文部省専門学務局にも同日に送られている。文部省としては県からの報告によって初めて事件の詳細を知ることになったと思われる。

このような経過を見ると、安場知事は館長以下の処分で事件は落着したとして、黒田家からの質問書を放置していたかのようである。黒田長成が文部大臣にまで本格的行動を起こし始めることを知って、あわてて反論書の作成を部下に命じ、文部省にも手を打ち始めたことが窺える。その内容は大略次のようなものである。

「福岡連隊の副島少尉が出征服を着用させた一中隊を率いて修猷館に侵入したということだが、属官渡辺が目撃したのは通常服の軍装で、兵士の数も三、四十人程度であり、中隊規模の員数ではなかった」

「投石者の取り調べ中、兵士の傍聴を申し入れ、兵卒に学校内を徘徊させたとのことだが、渡辺が到着した午後一時頃の兵士は、門内に銃を組み、縁側に腰掛け、あるいは縁下に座する者もある状態で、校内を徘徊したのは渡辺到着以前のことであろう」

「修猷館の正門を閉鎖して兵卒に警護させ、教職員、生徒の出入りを禁止したということだが、兵士が立ち番しているのは見かけたが、投石の疑いのない生徒は帰宅させており、一切出入りを禁止したような事実は無かった」

渡辺は、軍隊が実際に銃を携行して修猷館内に立ち入り、正門を閉鎖したことを認めながら、その行動に理解を示して反論書を作成しているのである。つまり軍隊の修猷館占拠の事実を認めたうえで、反論のための報告書作成となっている。

この報告をもとに黒田氏への回答を送った知事は、末尾に、行政上軍隊から干渉を受けた事実はないと主張し、文部省の照会にも同様な回答を済ませたとしている。ところが、この回答書には次のような「追而(おって)書き」が記されている。

「過日、金子堅太郎に会った際、軍隊処分問題については、もはや自分から談判する必要もなく、これによって両者間にしこりを残すことがあっては将来のため不得策と思われる、との意を伝えた」とも記し、「もっとも文部省では、自分が出した報告書を一応陸軍省へ通牒しておくとのことであり、そのへんの事情をお含みおきください」としている。事件が中央政界に広がることを嫌ってか、黒田長成の信頼厚い金子堅太郎に根回しの手を打っていたのである。まさに自己保身的な対応ぶりである。

3　出征服と演習服

この回答書に納得のいかない黒田長成は、全文を尾崎館長に送付し、知事回答書と尾崎館長の現認した事件との間に相違点があれば正誤をはっきりさせて回答してほしい、と述べている。館長は早速、次のように返信している。

「出征服を着用した一中隊を引率して来た件、兵士が館内を徘徊した件、館門を封鎖して出門を禁止した件については、前後の報告書に間違いはありません。しかし、渡辺村男の報告書は正反対のことばかりです。現に渡辺は県庁から出張してきて現場を目撃し、渡辺が出門するに当たっても副島少尉の承諾を得て外出を許され、取り調べ済みの生徒数百名も出門を禁じられたため、渡辺より同少尉に談じて帰宅することが可能になったことなど、すべて渡辺も深く関係していたことは灼然たる事実です」

県知事にへつらった渡辺の自己保身的な報告書に不信感を募らせていることが窺える。尾崎館長は演習服と出征服の違いにも触れ、出征服は羅紗地で袖徽章、肩には隊号を付けた印があり、この軍服は出征服であると答えている。

以上が渡辺村男の県知事への報告書と尾崎館長の黒田家への回答書の概要であるが、尾崎館長は県属渡辺村男の報告書に鋭く反駁している。特に演習服と出征服の相違に関する理解度は筆者個人としても首を傾げざるを得ない。明治の陸軍軍装について筆者はほとんど未知であるが、なぜ両者に見解の相違が出たのか理解に苦しむ。確かに渡辺村男が修猷館に到着した時の兵士は、館長言うところの出征服であったはずだが、普通に見られる演習服とは異なっていたはずである。

明治の軍装については、藤田昌雄『写真で見る明治の軍装』（潮書房光人社、二〇一六年）によると、一八七五（明治八）年に「陸軍服制」を制定。さらに一八八六年に被服改正が行われている。それによると兵卒の服装には正装・軍装・略装の三種があり、布地は小倉織（木綿糸を合わせて博多織のように織った強い木綿地）と羊毛の絨衣（ラシャ地）があった。

これらの布地で作成された服は正装・軍装・略装の三種に分類され、正装は儀式の時に、軍装は戦時出征、非常出兵、衛戍（兵営）勤務、週番勤務、大演習、小演習の時に、略装は公私の別なく着用し、小倉織の服は

日清戦争直前，1894（明治２）年６月の完全軍装の歩兵二等卒。修猷館を徘徊した兵士はこれを簡略化して肩に隊号を付けていたのであろう（神戸新聞社編『むかしの兵庫――わが家のアルバム百年史 明治編』〔1976年〕より）

平常に兵営内で着用し、練兵（戦闘に必要な平時訓練）の時にも着用した。したがって投石事件の際、最初に到着した兵士の服は小倉織であり、週番勤務の兵士であったことからすると略装に相当するもののようだ。

戦時出兵について、ここに掲載した写真は日清戦争（一八八四〜八五）前の歩兵二等卒の完全重装備の戦時出征軍装であるが、ラシャ地の軍服である。修猷館出兵時の軍装はこれを簡略化した非常出兵の体裁をとっていたと考えられる。兵士は午後五時頃まで武装駐留しており、戦時出兵ではないが、教師や生徒にかなりの威圧を与えたと思われる。

ところで修猷館に出兵した時、最初に到着した大野又雄曹長引率の兵卒は演習服であり、彼らが一旦引揚げて副島倉助少尉が引率した兵士は出征服を着用していたのであるが、尾崎館長はこれを細かく観察し、副島少尉引率時の軍装の模様について「羅紗服地　裾徽章　肩ニ隊号ヲ付ケタル印有リ　前ハボタン掛ノ服ナリ　ズボンニ赤色ノ竪筋一条アリ　此ノ服ヲ出征服ト称ス」（『修猷館再興録』）と断定している。

これに対して県属の渡辺村男は「目撃上ニハ全ク通常ノ着服ニシテ　出征服ニハ無之候（これなく）」、「兵士カ館内徘徊セシ云々　小官出張前ノコトハ承知不致候（いたさず）」（以上、「投石事件書類」）と、兵士の服装は通常服であるとして出征服であることを否定し、兵士の館内徘徊も自分の到着以前のことであって承知していない、と館長報告に反発している。

しかしその一方で、県への報告書の中で徘徊を認めるかのような記述も見られる。それを報告原文の通りに記すと次のようになっている。「右小官出張セシトキハ兵士ハ銃ヲ門内ニ組ミ置キ　兵士ハ館ノ椽側ニ腰ヲ掛ケ　或ハ椽下ニ居タリ　該館雇教員某ハ椽ノ上ニアリ　兵士ハ椽ノ下ニアリテ何カ口論シ居タルヲ目撃致候」と自身の出張時間内のことのみに固執した報告書を作成しているのである。教員と兵士の口論については原因を追究していないが、兵士の徘徊が原因であったと想像される。この時の寄宿舎取締は助教諭岸原金五郎であり、口論教員は彼と想像される。

尾崎館長の細かな報告に比べ、渡辺の報告はおおざっぱであり、通常と異なった軍装に気もとめず、出征服と通常軍装との相違をどれだけ認識していたかが窺われる報告となっている。

4　修猷学会誕生の経緯

明治維新後の福岡県直属の中学は、一八七六（明治九）年に福岡師範学校附属福岡中学となり、藩校との関係はいよいよなくなったが、これも独立して七九年には県立福岡中学となっている。福岡以外では久留米、柳川、豊津も県立中学となった。その後、県会と知事は学校問題でしばしば対立し、前にも述べたが四中学校十六分校、六中学校十四分校など中学乱立時代の出現もあった。

一八八六（明治十九）年に中学校令が公布され、尋常中学と高等中学（旧制高校の前身）が設置された。さらに翌年には、不完全な中学校の淘汰を行い、公費支弁の学校は原則一県一校とされた。そこで県は福岡中学以外を廃止し、福岡中学のみを存続させることにした。この時期、一八七六年に筑前・筑後に豊前の大部分を統合してできた現在の広い福岡県が誕生していた。

この事態に、県内各地の議員は県庁所在地の福岡のみに県立中学を設置することの不公平さに反発し、一八八七（明治二十）年十二月の県会で県の尋常中学校費原案を否決したのであった。この時、文部省の意向もあり、三年制の英語専修修猷館と福岡尋常中学を合併させ、五年制の県立尋常中学修猷館を誕生させることにしたが、旧福岡尋常中学分の経費が重くのしかかることになった。

ところで、最初の英語専修修猷館は一八八七（明治二十）年に火災に遭い、旧警固小学校に教室を置き、職員室、事務室は学校外に借家するという状態であった。そこに福岡尋常中学との合併による生徒増員という事態

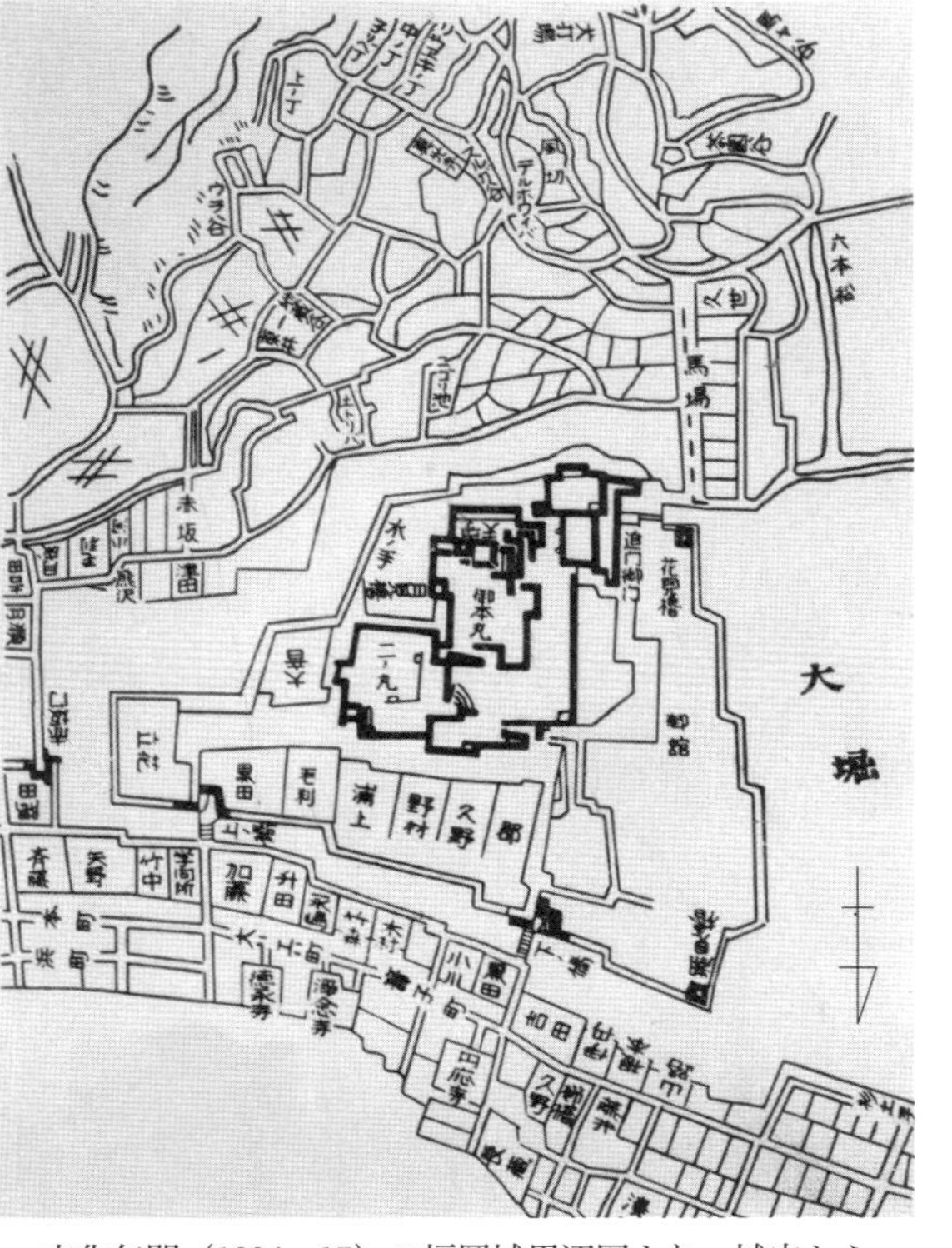

文化年間（1804～17）の福岡城周辺図より。城内から上ノ橋を渡った角に小さく「学問所」（修猷館）と記されている。現在の中央区赤坂１丁目，三井住友海上福岡赤坂ビルの辺り（『修猷館百八十年史』より）

が起こり、新しい校地の選定と校舎新築問題も起こってくる。県は新校舎建設を迫られるが、予算否決のこともあり、財源を求めて地域の有力者を集めて寄付金問題を協議している。しかし資金を黒田家に頼ることはおよそ不可能であり、協議会参加者は委員会を組織して、建設資金だけでなく、福岡中学合併に伴う生徒数増加に対応し修猷館の校地拡張と新施設充実のため、一八八七（明治二十）年から翌年にかけて

上ノ橋時代の修猷館。1889（明治22）年，警固の仮校舎から旧藩校の所在した師範学校跡地に移転（『修猷館百八十年史』より）

頻繁に会合を開いている。

やがて、有力者による委員会は、一八八八年五月に三日間にわたる総集会を開き、資金四万円を三年間で募集し、修猷学会を組織して資金は学会で管理することを決定した。この四万円は、黒田家が当初準備した四万五〇〇〇円には及ばないもののかなりの金額である。旧藩主家と筑前人民との共同出資という形の学校になるのである。そして学会規約も作成している。学会は七月二十七日に県へ「学会規則認可伺」を提出、即日認可を受けている。

このことは黒田家へも報告され、黒田家も認めるところとなった。それまで黒田家の資金のみで運営されていた修猷館は、筑前人民の寄付も加わって新校舎建設へと動き始めたのである。

一方、校地選定の件は、師範学校が新しく荒戸（福岡市中央区西公園）に移転することになったので、一八八八年十一月、筑前人民総代十六人の連名で師範学校跡地、校舎ならびに付属品の無償譲渡を願い出ている。翌八九年三月四日、知事は引き渡しを決定し、三月五日をもって同地に移転することを示達したのであった。ここは元修猷館の跡地であり、十三年ぶりの帰還であった。

5　修猷学会による抗議活動

投石事件が起こった翌月の一八九一（明治二十四）年四月十七日、修猷学会の定期総会が中洲共進館で開かれた。諸議題の討議が終了して懇親会に入ると、県会議員でもある吉田鞆次郎が立って投石事件のことを私的に提案した。

彼自身の調査が報告されるとたちまち一場の問題となり、もっと詳細に調査する必要があると次のような結論になった。

①はたして生徒が投石したかどうか。

②陸軍が一中隊を修猷館に繰り込ませたのは軍規に認められているかどうか。

③知事が館長・教職員を処分したことは妥当なことか。

などを調査することが合意されている。ただし県主導の学会の性格上、修猷学会の名義で行わず、有志者だけで調査することに決定している。

二回目の有志者会合は二十三日に光雲神社・和暢亭で行われ、意見の詳細を黒田家へ報告する件を議決し、さらにこの件を一部有志者だけの運動に留めず、学会以外の賛同者との合同運動にすることを確認している。

三回目は材木町の少林寺で二十八日に開催されたが、参会者は五十五名に増え、議論も輻輳（ふくそう）したため不破国雄を席長として、事件を徹頭徹尾調査するため五名の委員を選定して以下の点を調査することにした。

①尾崎館長の進退伺い提出の理由調査。

②県の当事件への対応には誤りがあることへの調査。
③そしてこれを政府に建白することも議論された。
④さらにこの運動を一地方の有志者だけでなく広く教育上の問題として展開し、賛同者を拡大すること。
以上のことが確認され、軍人の挙動を徹頭徹尾調査して陸軍省に建白することとし、筑前地区有志者は運動目標を最終決定したのである。この時、調査委員に選任されたのは郡保宗、不破国雄、大庭弘、大野未来、山中立木の五名であった。ここでは運動を全国的なものにすることも議論されている。

なお、五月七日になると、東京に出張していた県会議員吉田鞆次郎より、建白委員の中から誰かを上京させるようにとの電報が届いている。「郵便報知新聞」五月七日号の報道では、委員五名を上京させ、黒田長成起草の質疑書を内務・陸軍両省に奉呈する予定になっている。これは実際に行われたかどうか不明だが、投石事件は中央へと波及していったのであった。また修猷学会有志で始まった運動は、学会員以外の参加者もあり、住民運動としての性格を持つようになった。

福岡での筑前地区有志者の運動は陸軍大臣宛の建白書案作成段階へと進み、翌五月八日、「福陵新報」は次回の会合に提案される陸軍大臣宛の意見書案を「意見大意」と題して一面に載せている。これは『修猷館二百年史』（二〇二～〇三ページ）には尾崎館長が安場知事宛に出した意見書として紹介されているが、誤りである。修猷館が「投石事件書類」を編集する際に「福陵新報」から事件史料として筆写したものと思われる。文中には団体組織を意味すると思われる「吾々」や「某等」の語句があり、尾崎館長個人の意見書として書かれたものでないことが示されており、尾崎館長個人の意見とは考えられない。特に一部分は旧筑前の福岡地区名望家たちの住民運動的様相を呈しており、組織運動の中で生まれた文章と考えられる。次にそれを紹介したい。文書は冒頭から軍部批判で始まっているが、文中には次のようにある。

「我が福岡営所の軍隊が県立中学修猷館に向つて、其生徒の無状なるを責めたる事の如きは、果して彼の威厳犯す可らざる所の国家の干城たる軍人たるの行為に適せるものと称道するを得可き乎。其顚末は既に已（ママ）に世人の嘖々として論評報道する所の者にして、今此に多弁を要せざるべし。而して物情又た頗る惑を軍規に容るゝ者有り。某等の此に大に意見を訴へんと欲するものは、実に之れが為めなり」（カタカナをひらがなに改めた）とあり、特に終わりの二行の「物情又た頗る惑を軍規に容るる者有り。某等の此に大に意見を訴へんと欲するものは、実に之れが為めなり」とその抗議の対象が陸軍とその擁護者にあることをはっきりさせている。

「意見大意」の全文は難解だが、大要は次のようなものである。

「今回の修猷館に対する軍人の行動は、威厳ある国家の干城である軍隊の行動と言えるだろうか。世間の人々は溜め息をついて論評し、あるいは報道しているところである。生徒を監禁し、犯人を捕獲しようとする態度は敵国における行動であり、我々はこのような軍規のあるかを知らない。

また生徒が有罪であるか無罪であるかは言わない。しかし必ずしも知らないというのでもない。ただ軍隊でもって若い学生たちを威嚇することは軍人の本分にもとるものではないか。罪を罰するなら一個人を罰すべきであり、多くの学生を威嚇すべきではない」

五月十三日に開かれた会合では事件の調査結果と建白書草案作成終了のことが報告されたが、折から来日中のロシア皇太子刺傷事件、いわゆる大津事件が発生して会の活動を自粛することにした。しかし事件は大きな外交問題に発展することなく終わり、会合は六月九日に再開された。

ここでいう大津事件とは、シベリア鉄道起工式に参列するため、その途次日本を訪れたロシア皇太子アレクサンドロビッチ（のちの皇帝ニコライ二世）が五月十一日、琵琶湖周辺の名勝を周覧して京都に戻る途中、滋賀県庁に立ち寄った時、警備の一巡査津田三蔵が皇太子に抜剣して切りかかった事件である。急報に接した政府は天皇名代として白川宮能久と医師団を京都の宿泊所に派遣し、青木外相、西郷内相がこれに続き、翌日に明治天皇は京都に下り、その翌日宿泊所に皇太子を見舞っている。十九日午前にはロシア皇太子の招きで神戸港に碇泊中のロシア軍艦を訪れ、午後ロシア軍艦は出港したのであった。

その後政府は、犯人津田三蔵の処罰方法をめぐって大審院長児島惟謙と衝突することになる。政府は、ロシア皇太子ではあるが日本の皇室に対する不敬罪と同様にして死刑に処することを求めて児島惟謙を説得するが、児島はロシア皇太子を日本の皇族扱いにできないとし、普通謀殺未遂罪を適用すべきだとして大審院各判事を説得したのであった。結局、児島の意見に従い大審院は津田を無期徒刑に処したのであった。この判決に西郷内相は「是から戦争をせねばならぬ、暴漢津田三蔵一人の生命を助けんがため、国家の禍を招くとは何事だ」と怒ったが、ロシア及び諸外国の反響は司法権の独立を認識し、おおむね判決を是とする者が多かったという。

この事件が国民に与えた影響は大きく、修猷学会を中心とした陸軍省への建白書作成も一時中断させられたが、法制史の上では司法権の独立を明確にした画期的判決であった。憲法の条文を正しく解釈することは当然のことであるが、当時の政府内部では拡大解釈が真剣に考えられていたのである。つまり、これと同時期に福岡では軍部の教育行政介入が問題視されていたのであった。

日本では、三権分立の体制をとりながらもその内容を詳しく理解せず、法規解釈に関しても政府高官をはじめとする行政においても軍部でも勝手な運用がまかりとおっていたのであり、福岡の投石事件も中央の大津事件も、六法典が十分に完成していない法制度未熟な時期に起こった象徴的な事件と言えよう。

6　陸軍大臣への建白書

ところで建言書の内容であるが、五月八日の「福陵新報」に掲載された建言書原案とされている「意見大意」とは異なったものになっている。当初の原案では黒田長成が主張していた「立憲主義違反」の文言は見られなかったが、六月八日作成の建言書には「立憲主義違反」に関した文言が見られるようになっている。

五月七日に東京出張中の吉田鞆次郎から建白委員の上京を促す電報が届いていたが、具体的にどのような対応がなされたかは不明である。上京の行われた可能性が考えられる。福岡の出来事は黒田家に報告されていたが、黒田家からの直接指示はなかった。したがって吉田鞆次郎の電報に接した建言委員の誰かがあるいは五人が上京して黒田家と接触し、その結果が六月の建言書案に大きく影響し、「立憲主義違反」に関する語句が登場するようになったものであろう。

この頃から建言書は建白書と呼ばれるようになっている。この建白書に見られる憲法に関わる部分は次の箇所である。原文のままに記す。

「軍人ノ跋扈ハ国家百年ノ長計ニ於テ恐ル可キ者アリ　而カモ我カ英哲ナル天皇陛下カ其ノ大権ヲ以テシテ　憲法ノ規定ニ由リ之レヲ執行シ給フノ今日ニ当リ　某等臣民ノ分トシテ黙視ス可カラス（略）仮令彼レ生徒カ故意タルノ行為ニ出ルモ　堂々タル国家ノ干城ヲ以テ之レニ臨ムハ　乃チ軍威ヲ瀆（けが）ス無（なか）ランヤ　乃ハチ累ヒヲ天皇陛下ノ大権ニ及ホスナカランヤ　某等ノ所見ヲ以テスレハ　彼レ生徒ノ罪ヲ問ハント欲セハ　自ノツカラ穏当ノ手続アルベシ」

たとえ中学校生徒が故意でした行為であっても、堂々たる兵を率いてそれに臨むのは、軍威を冒瀆し、累を天皇陛下の大権に及ぼすことにならないか――。歩兵第二十四連隊の主張は、銃剣を担いで行進する兵士に投石する行為は天皇に対する不敬行為である、というものであったが、ここで筑前地区有志は、出征服を着用して銃剣を持った兵士が修猷館に侵入し、校内を徘徊することは占領地における行為であり、軍規に違反することはもちろん、同時に憲法における天皇大権を犯す「立憲主義違反」であると、さらなる理論構築を行って陸軍大臣に建白することにしたのであった。

この「立憲主義違反」の考え方は、五月八日の「福陵新報」が伝えていた筑前有志の陸軍大臣宛への意見書案にはまったく見られなかったものである。おそらく上京した建言委員が黒田家と接触して、単なる軍規違反でなく「立憲主義違反」という大きな問題であることを人民の立場から理解したことによるものであろう。

先に述べたように、大津事件の発生により自粛していた修猷学会有志の会は六月九日に再開された。再開に先立ち、陸軍大臣への建白書調印のため実印持参と新たに活動に賛同する人々の参加を求めている。

修猷学会有志者という学会の枠を超えて、福岡地区の住民運動としての性格をさらに濃厚にしていったのである。会議では種々討議があって無事調印の運びとなった。なお、当日やむなく欠席した者には使いを走らせ、全員の調印を済ませることができた。調印者は総数一三七名にまで達している。もちろんここには修猷学会の名称は見られない。この建白書が実際に県庁へ提出されたのは七月六日のことである。

しかし、県庁に提出された建白書はその取り扱いが問題となる。それまで地方からの建白書は県庁から元老院に伝達されていたが、一八八九（明治二十二）年、帝国憲法の発布と国会開設により元老院は廃止となっていた。県庁を経由しての建白書提出はできなくなり、七月十五日に却下されてしまった。そこで有志者一同は同日に郵送でもって陸軍省に提出したのである。その後、この建白書がどのように取り扱われたかは不明である。投石事件はすでに陸軍省内部でも承知されていたことであり、高島鞆之助陸軍大臣の目に通されたと考えたいのだが、これより先、七月九日の「福陵新報」に次のような記事がある。

「投石事件に付黒田家の経伺　陸軍省へ伺出たる書面は却下せられたりとのみなるが　其所以は指示無[なか]りし故吾人は知らず　而して文部省の方は受理になりたりとのこと也　一は受理　一は却下方針如何二者背馳するある歟知らず　抑も深理有りて然る歟　漠々雲深ふして之れを知らずとでも申サウ歟」

と、何とも新聞を含めて読者はまったく蚊帳の外に置かれていたようである。陸軍省と文部省の綱引きの始まりである。

第五章　尾崎館長の学校復帰

1　館長欠席の卒業式

四月二日に辞表を提出し、慰留されると再度辞表を出し、自宅に蟄居して黒田家との文書往復のみをしていた尾崎臻館長が、七月七日、学校に出勤した。実に九十五日間、学校に顔を出していなかったのだ。当時は九月が入学式、七月が卒業式であったが、この年は七月四日に卒業式が挙行されている。しかし、館長はこれに出席せず、その間にあって教頭仙田楽三郎が式典すべてを執り行っている。来賓として安場知事をはじめ旧福岡藩家老黒田一美その他多くの出席があったが、尾崎館長は姿を見せていない。

現代なら懲戒免職に相当する行為である。ここに修猷館の特異性がある。県立学校であるのだが、黒田家寄付の資金利息で運営されているという性格がこれを可能にしたのである。学校は近代的な英語重視の学校でありながら、旧藩時代の封建的遺制である旧藩主と家臣の主従関係で軍部の教育行政介入に抗議する、という特異性を持っていたのである。

館長が辞表を出しても、黒田家の意向なくしては受理できず、慰留に努めても無視され、再度の辞表に対しても、黒田家の意向が明確でないと受理することもできない状態が、長い期間の館長不在を招いたのであった。

また県知事安場も、官僚でありながら封建社会の中で長く生活しており、強力な主従関係を引きずっていたようで、上意下達的な主従関係に基づいて県知事としてその任に当たっていたようだ。明治維新後は政府にあって大蔵大丞（おおくらだいじょう）に就任し、一八七一（明治四）年の遣外使節団の一員としてアメリカ視察まで同行しているが、英語が理解できず職務を遂行できないとして帰国している。

彼は、外国における立憲主義国家の政治の在り方をまったく理解せずに、帰国して地方政治の任にあたっていたのであった。官僚としては優秀であったようだが、立憲主義への理解は黒田長成に及びもつかなかったのである。

黒田長成は東京において独自に修猷館への軍隊侵入事件についての対応を模索していたが、ストライキ中の尾崎館長とは連絡を取り合っていたようで、四月、五月における黒田家からの照会状とそれへの回答書が残っている。

しかしこれ以外の尾崎館長の行動については、従来の修猷館史では不明であった。そこで、本書「まえがき」で紹介した、小川霜葉が尾崎三男（みつお）から垣間見せてもらった「日記」の記憶から尾崎の行動を追ってみたい。

2　館長、文部省に召喚される

尾崎館長が上京した日時は不明だが、彼は卒業式後の七月七日から学校に復帰し、学校は折から夏季休業に入っており、夏季休業期間の七月か八月に上京したと思われる。ただ小川霜葉は覗き見た日記の記憶を綴っただけであり、個人的判断を述べるのは危険であり、したがって重要と思われる部分を原文のまま次に掲げる。

投石事件は明治二十四年三月二十四日の出来事である。波紋は大きくなり、最後は陸軍省と文部省の問題にまで発展した。そこで尾崎館長は文部省から東京まで呼ばれて同省へ出頭を命ぜられた。船で神戸まで行き、東海道線で上京の道筋、本省に出かけるには服装を整える必要があり、着京早々フロック・コートを新調したと日記にある。

陸軍省の掛け合いは相当のものであったが、文部省の腰も強硬で、今日の言葉でいえば「学問の自由を守る」というわけで軍部の圧迫に抵抗していた。

着京後、尾崎館長は、同郷の先輩連中を歴訪した。文部省の問題としてだけでなく、黒田藩の面目、もう廃藩以後ながら修猷館は藩校を引き継いだもの故、このことから先輩たちの斡旋、先輩が陰に陽にあり、就中、太田貴族院書記官長が親身の世話をやり、文部省まで同行されて、尾崎館長の釈明に付言されたことが、日記の各所にあらわれていた。

尾崎館長の文部省での弁理が条理整い本省の納得を得、事件は学校側の瑕疵とならず落着する見通しができて尾崎氏は離京の運びになり、先輩たちも大喜び、盛んな惜別会があった模様も日記でうかがえた。

以上は小川の文章を引用したものであるが、尾崎の文部省出頭、在京の先輩たちの手厚い援助、最終的に文部省と陸軍省とのやり取りのあったことなどは、これまでの投石事件の諸文献で語られることのなかったことである。

黒田長成は四月二十四日段階で、軍部の教育行政介入は「立憲主義に違反する」ことを指摘し、今後の修猷館経営に憂慮を示していた。そして五月六日には、文部大臣に福岡県に対する指導要請の上申書を出している。

このような黒田家の動きを察知した「郵便報知新聞」は、修猷館投石事件の内容を報道し、また安場県知事の報告を受けた文部大臣は陸軍省へ通牒（つうちょう）している。陸軍・文部両省とも五月段階で投石事件の内容を知らされていたのであった。

しかし両省の折衝は進行せず、確たる結論を得ることなく時間が経過している。七月六日になって筑前地区有志一三七名連署の陸軍大臣宛の建白書が県庁に提出され、翌日には尾崎館長が九十六日ぶりに学校に復帰する。建白書は手続き上の問題があって県から却下されたが、七月十五日に郵送に切り替えられて陸軍大臣に送られている。

このような動きの中で、尾崎館長の文部省召喚が決定されたのであろう。尾崎館長の東京での行動は前記の小川霜葉の見聞書による外ないが、文部省、陸軍省ともに強硬な意見をぶつけ合ったようである。しかし尾崎館長の論理を文部省が認め、館長の行動瑕疵とならず、解決の糸口が得られたようである。

しかし最終的解決にはまだまだ時間を要するのであった。九月十五日付の「福岡日日新聞」には次のような記事がある。

投石事件と黒田侯

修猷館投石事件の末はパッとして（意味不明——引用者注）如何になるかハ世人の疑ふ所なるが　頃日東京より帰郷したる社友の直話に曰く　黒田長成侯にハ彼の投石事件に付　安場知事の回答と尾崎館長の報告とに大なる差違もあり　詰り其筋に充分の取調と相当の処置を求めざれば止むべからずとの意なりと見へ　先に文部省に書面を出し　夫れより陸軍省に内務省に続て書面を出し　最後にハ松方総理大臣にも書

面を出され　孰れも受理されしのみならず　其筋に於ても決して軽々に看過すべきものにあらずと認めたる模様にて　夫々取調ぶる所ありと云へば迚もパッとなり、済む訳にハ行かざるべしと云々

この新聞記事は、投石事件は文部・陸軍・内務の各省に加えて松方総理大臣まで引き出し、簡単に解決できそうにない状態に至ったことを伝えている。最終解決を見るのは翌月のことであった。十月十五日付の「福岡日日新聞」には「黒田家ハ大いに見る所あり　修猷館事件の事実も既に明了して　過般尾崎同館長に通牒あり同館長の更に再び辞表を出し（略）」と記している。

投石事件発生から半年後の九月から十月にかけてようやく最終解決を見たようである。中央省庁の直接史料は得られていないが、黒田長成の「軍部の教育行政介入は立憲主義違反である」とする主張は松方総理大臣まで引き出して認められたのであった。ただし安場知事の処分は退けられている。

第六章　投石事件その後

1　尾崎館長三度目の辞表提出

投石事件解決の通牒を受けた尾崎館長は、三度目の辞表提出を行っている。提出日時は不明だが、「福岡日日新聞」の記事では十月十五日号に辞表提出のことが記されている。かなり慰留されたようであるが、断固として受け付けず、結局、十一月二十七日に正式に受理されたのであった。しかし後任の館長に人を得られず、受理後も教頭仙田楽三郎が館長代行を続けることになる。代行は翌年の第四回卒業式の前日、一八九二（明治二十五）年七月十五日まで続いたのであった。辞表受理後も修猷館の館長空席は八カ月間にわたっている。

館長空席のまま卒業式を挙行することを憚（はばか）ってか、七月十五日に黒田長成が第三代館長に就任している。尾崎館長退職は早速、館長後任人事に影響を来したのである。とりあえず黒田長成が第三代の館長に就任するが、長成は東京在住の身であり、貴族院の侯爵議員に当選したばかりでもあり、加えて黒田家の財産管理その他の問題もあって、福岡に長期赴任することは不可能であった。

そこで、代理館長として初代京都府尋常中学校長であった今立吐酔が着任する。修猷館所蔵の「辞令請書」によると、一八九二年七月十五日に修猷館嘱託教諭任命とあり、七月二十九日に月俸百円給与が決定されている。それから翌々年三月に神戸商業学校長として転出するまで、黒田氏に代わって館長業務を行ったのである。

今立は福井県出身で、一八七四（明治七）年からフィラデルフィアに留学し、一年間高校で学び、七五年からフィラデルフィア大学で化学を学び、七九年にバチェラー・オブ・サイエンスを取得して帰国している。帰国後、八九年に京都府尋常中学校初代校長となるが、半年で外務省に転出し、翻訳官となっている。彼はフィラデルフィア万博の時はボストンに留学していた金子堅太郎に宿泊所の世話をしており、金子とは旧知の間柄であった。おそらく英語が堪能で京都府尋常中学校長の経歴を持つ今立は、金子の推薦で長成の館長代理になったと思われる。ただしあくまでも館長代理であり、いずれ適当な人物を修猷館長に迎えねばならない事態が常に迫っていたのである。

2　第四代館長に初代館長が再任

この時、次期館長の腹案を示したのが退職した尾崎臻前館長であった。先に触れた「尾崎臻日記」見聞録に次のようなことが記されている。

この連隊長の左せん(ママ)の報に、尾崎館長は晏如(あんじょ)たることを得ず辞意を申し出た（連隊長が実際に豊橋十八連隊長に異動したのは十一月二十四日のことであり、尾崎館長が辞表を出したのは十月十五日以前、正式退職は十一月二十七日である。おそらく連隊長異動の噂を聞き、辞表を提出したものであろう）。しかし、事件は学校側の瑕疵とならず終わったので、その儀に及ぶまいと藩公を始め周囲で慰留につとめたが、尾崎氏の決意が固いのでそれでは誰を後任にするかが問題となった。この時尾崎氏は、それには私に方寸があるとて、自ら熊本（山口の誤り、当時隈本有尚は山口高等学校教授）へ出掛け、この隈本は初代館長であり、現に第五高等学校（山口高等学校の誤り）教授であった。尾崎氏は自己の微衷を述べて懇願した。この乞いを容れ(ママ)て隈本氏の第四代の館長就任となった。それは明治二十七年八月であった。

以上が小川霜葉の文章である。小川の独断的判断もあるかも知れないが、文中明らかに誤りと思われる部分は筆者が訂正を加えた。しかし、投石事件の結末と第四代隈本有尚（一八六〇～一九四三）館長再任のいきさつとを伝える史料としては唯一のものと言えよう。事件後の館長人事は異常なものであり、第四代館長に初代館長が復帰した事情をよく伝えているようだ。投石事件の発生は一八九一（明治二十四）年三月二十四日のことであったが、最終的解決は隈本有尚の第四代館長就任の時と言えよう。

「立憲主義違反」を主張した黒田長成の政府への上申書、尾崎臻館長の文部省召喚、それに筑前人民の有志一三七名署名の陸軍省への建白書がついに文部省、陸軍省を動かし、修猷館の主張が通ったのであった。陸軍省ではその後、前述したように佐藤正歩兵第二十四連隊長を豊橋歩兵第十八連隊長へ転出させた。世間ではみだりに兵を学校へ出動させたことが原因となった左遷であると噂した。尾崎館長の辞表提出などを勘案すると左遷は事実かもしれない。

連隊長自身は、些細な事件であり、自ら行動することなく、現場の兵士でもって解決することを望んだといわれるが、副島倉助少尉以下の下士官三人の独断的行動が長期にわたる教育と軍隊の対立を招来したのであった。

それにしても、黒田長成の抗議は近代史の中で特筆すべきことと思われる。彼の立憲主義思想は筑前人民の間にも伝わり、帝国憲法と現行憲法の違いはあるが、一八八九（明治二十二）年の憲法発布から二年後において福岡の地に護憲思想が芽生えていたことを示している。

現今、世間では立憲主義問題がしばしば論議されているが、立憲主義論争は明治から行われていて、学者間の論争でなく具体的違反事例として投石事件が取り上げられたのである。その点において、歴史的に見ても優れた問題提起と言えるのではないだろうか。

ただ、地方の学校での事件であったこと、それから数年後の一八九四年に日清戦争が起こり、その十年後には日露戦争の勃発もあり、日本が軍国主義への道を歩み始めるようになって、修猷館投石事件における「立憲主義違反」の指摘も歴史上から忘却されていったのである。わずかに修猷館史の中にその名を留めるものの、年月の経過はその詳細な内容を見失わさせてしまった。

近代日本形成期にあって、急激な外国文化の流入、それに追いつくことが充分でない時期に、司法・立法・行政を整備しながら軍隊の近代化を図り、憲法を制定したのであった。したがって役人も軍人も法知識が不充分であり、このような中で投石事件が発生したのである。

修猷館投石事件は、「天皇の軍隊」の意識の強い一下士官が独自の判断で勝手に不敬罪の罪名をでっちあげ、それに県知事以下の役人たちが同調したと言える。これに対して黒田長成は、正面から「立憲主義違反」を掲げて軍部批判を展開したのであった。

黒田長成の批判は立憲主義論争史上から見ても、全国的見地から見ても、記録として残されるべきものでありながら、正史から排除された事件であったと言えよう。

終章　大日本帝国憲法と投石事件

1　軍国主義の胎動と立憲主義

投石事件はまったく些細なことから始まっている。数人の生徒が興じていた石投げの石の一つが土塀の瓦に当たり、その破片が学校の外を行進中だった第二十四連隊の兵士の銃に当たったのがきっかけであった。新聞投書の中にもあるように、生徒たちに石投げ遊びの事実はあっても、軍隊の厳しい追及はおよそ学校や生徒にとって想像外のことであり、一般の人々にとっても同様であったに違いない。引率下士官の注意あるいは抗議程度で解決できる内容であった。

それがこのような大事件にまで発展した原因は何であったか。そこには明治前期の日本の置かれた政治・外交・経済の諸状況が深くからんでいたのではないだろうか。

一八五四（安政元）年の開国、五八年の日米通商航海条約に始まる安政の五カ国条約以降、政府は政治の近代化を推進していくが、この過程で種々の問題が生じていたのである。明治になると特に不平等条約の改定と近隣諸国との外交、憲法制定と国会開設、それに伴う自由民権運動の展開、そのような中で欧米との対等外交を目指しながら台湾や朝鮮への出兵もあり、特に一八七七（明治十）年の西南戦争以降、軍隊の制度整備と軍備強化策が進行していった。「天皇の軍隊」の制度整備である。

一八八九（明治二十二）年には「大日本帝国憲法」も発布され、日本はいよいよ立憲主義国家としての歩みを始め、世界の近代国家への仲間入りをしたのであった。ただし三権分立主義を建前としながら本格的六法典の整備はできておらず、懸案の治外法権（領事裁判権）の撤廃が実現するのは一八九九（明治三十二）年のことであり、関税自主権（協定税率）の確立は一九一一（明治四十四）年まで待たねばならない状態であった。

このように法典整備が十分でない中で、修猷館投石事件は発生している。憲法についても、国民には憲法の何たるかがほとんど知らされず、理解できない中で発布されているのである。帝国憲法発布当時、東京大学医学部の内科医教授であったドイツ人ベルツの『ベルツの日記（上）』（岩波文庫）の中に発布当時のことを次のように記している。

「二月九日……東京全市は十一日の憲法発布をひかえてその準備のため、言語に絶した騒ぎを演じている。到るところ、奉祝門、照明（イルミネーション）、行列の計画。だが滑稽なことは、誰もその内容をご存じないのだ」

「日本憲法が発表された。もともと国民に委ねられた自由なるものは、ほんのわずかである。しかしながら、不思議なことにも、以前は「奴隷化された」ドイツの国民以上の自由を与えようとはしないといって憤慨したあの新聞が、すべて満足の意を表しているのだ」

ここにはベルツの科学者らしい透徹した日本観で憲法発布時の日本国民の状況が記されている。一般国民はもとより、それまで批判的であった新聞でさえ憲法の内容を十分に理解せず、ただ最高法規としての憲法発布を奉祝しているとしている。これが憲法発布時における国民の実態であった。官吏や軍人たちも同様であったことが想像される。つまり官僚だけでなく、世論をリードし真実を伝える立場の新聞記者（ジャーナリスト）も憲法を理解していないことを、ベルツは揶揄したのだった。

この憲法発布から二年一カ月後の三月二十四日、投石事件が発生したのである。その経緯についてはすでに詳述してきた。一部の市民の間には修猷館生徒に対する批判的空気もあったようだが、新聞論調や投書では圧倒的に軍部批判が多かった。出征服を着用して学校を占拠、校門を閉鎖し、銃を携えて校内を徘徊した行為は、三権分立にもとるものであり、軍隊は多くの批判を浴びる結果となっている。

事件後における安場県知事の館長、職員の処分に至っては、軍部の横暴を助長する以外の何物でもないと言えよう。彼は政府に忠実な官僚であり、投石事件でその去就が注目されたが、処分されることはなかった。

安場はその後も福岡県知事を務め、事件の翌一八九二（明治二十五）年、第二回衆議院総選挙にあたり松方内閣の内相品川弥次郎が民党撲滅を掲げて警察を動員、石川・高知・佐賀で大掛かりな民党弾圧を展開したが、福岡県知事安場もこれに呼応して県庁、警察の組織あげての激しい民党弾圧を行い、福岡県では死者三人、負傷者六十五人を出している。民党撲滅は失敗に終わり、内相品川は責任をとって辞任、安場は同年、愛知県知事に更迭されている。

安場知事による投石事件における館長・職員への重い処分は、彼自身が体験した封建社会の厳しい身分秩序と無関係ではなさそうだ。安場は熊本出身であるが、薩長閥と呼ばれ、有司専制あるいは藩閥専制と称されていた当時の政府の中で忠実な官僚としての行動であったようだ。

ほとんどの国民が立憲主義の意義を理解していない中で、軍国主義が胎動し、修猷館と福岡第二十四連隊衝突事件が発生したのだが、その後も立憲主義への関心が国民の間に高まったわけではなかったようだ。

福岡の地に芽生え始めたかに見えた立憲主義思想も、さしたる動きとならず、それから四年後、日清戦争が始まると軍国主義は新たな進展を見せ、修猷館でも連日のように博多駅で出征兵士の見送りが行われるようになった。事件は単なる中学校と軍隊の衝突としてその内容のほとんどが忘却され、今日に至ったというのが実情である。

2 修猷館投石事件とは何だったのか

さて、修猷館投石事件とは何だったのか——。

偶然であれ、行進する軍隊に投石した修猷生の行為は非難されて当然だが、それに続く軍隊の行動は更に大問題である。そのため黒田長成は「立憲主義違反」問題としてこれを提起したのであった。同じ年に起こった大津事件は、司法の場で司法権の独立を確立し、諸外国もこれを是とし、その後の司法権独立回復への足掛かりともなった画期的判決であった。

黒田長成による「立憲主義違反」は優れた問題提起であったが、投石事件の場合は、文部省と陸軍省の綱引き状態がいたずらに長引き、最終結末まで半年余にわたった。つまり文部省と陸軍省のなあなあ主義的話し合いで修猷館側の行動は瑕疵とせず、福岡第二十四連隊長佐藤正は豊橋歩兵第十八連隊に更迭されたのであった。更迭は単なる異動であって処罰ではない。

『修猷館再興録』の編纂者は、その末尾でいみじくも「斯くて此の事件は曖昧に局を結べり」としている。これはいわゆる政府内部でのどちらにも非を認めない政治的決着であった。

　しかし、館長とともに減給でなく譴責処分を受けた寄宿舎取締の助教諭岸原金五郎は、事件の翌一八九二（明治二十五）年五月、同書記の関秀麿は九一年九月、同書記の宮本貢は九二年五月に退職しており、退職の理由は不明だが譴責処分を受けた三教職員が修猷館を去ってしまっている。事件落着後のこととはいえ譴責の事実は残ったのである。この事件に関わった人々の間では、誰が責任をとったのか理解できない状態での結末でしかなかったようだ。まさに曖昧のうちに事が納まってしまったのでる。

　ただ、大津事件における司法権の独立を確定した児島判決が目立っただけで、修猷館投石事件は片隅に追いやられてしまっている。その後、日清・日露戦争が起こる中で、福岡の地において「立憲主義違反」問題が再び論議されるような事態は発生していない。

資　料

1　『修猷館再興録』に記された投石事件

『修猷館再興録』（一九〇四〔明治三十七〕年編）は創立二十周年を記念して編纂されたものである。当初の本文は片仮名書きであったが現存せず、一九三五（昭和十）年、創立五十周年を記念して再刊されたものは平仮名書きに改められている。文体は明治の口語体であるが、句読点もないため非常に読みづらく、引用者が適当に語間を空けた。

修猷館投石事件に触れた最初の編纂書であるが、長文のため関係箇所を抜粋して掲載する。

所謂投石事件とは何ぞや　軍隊が学校に侵入したる一珍事なり　事修猷館の再興に対して毫末の関係なしと雖も　本館の歴史中逸すべからざるものなるを以て　茲に其の顚末を記す

明治二十四年三月二十五日　福岡衛戍歩兵少尉副島倉助　本館生徒が軍に対し不敬の所業ありたりとて　一中隊の軍卒を率ゐて我が修猷館に侵入せり　其の前日正午十二時過ぎ　本館生徒は運動場に於いて随意遊戯をなし居たりしに　一名の軍人突然庶務室に入り来り　一個の瓦片を示して曰く　今此の館前を軍隊が通行せる時　此の瓦片当館の塀内より飛び来り軍隊に中れり　予は押伍列に在りて之を認めたり　此の所為たる事体軽

少にあらず　隊伍を整へたる軍隊に投石したるは大に軍隊を軽蔑したるなり　是天皇陛下に対し不敬の至りなれば　請ふ凶行者を穿鑿せよと　館長曰く　各生徒を取調べ然る後宜しく報する所あるべしと　仍て彼は瓦片の飛来せし位置を示し　且つ軍曹岡村忠夫と紙片に書して立ち去れり　是に於いて各教室にて生徒の取調を為す中に　彼の軍曹再び来り　先に携へ来りし瓦片を受取り重ねて曰く　此の瓦片一兵卒の銃に中り　余勢辷りて遂に面部に及びたりとて立ち去れり

此の日館長は　他の事件の為に県庁属官川俣甲子太郎に応接せし次手に該事件をも語りたるに　属官曰く　宜く先づ連隊副官香川某方に行き挨拶をなし置くべきものかと　因りて其の意に従ひ帰路挨拶をなし置きたり　然るに今日に至り　副島倉助週番の徽章を付し一中隊を率ゐ来り（是ノ兵初メハ演習服ナリシカドモ　後直チニ出征服ヲ着セリ　何時交代セシカヲ詳ニセス）【引用者注：この部分のみ片仮名書体なのは、復刻本の編集者が初版の片仮名書きを平仮名書きに改め、独自の注を片仮名使用にしたものと推測する。当時の「福陵新報」によると、最初見習士官に引率された演習服の兵士が到着し、遅れて曹長大野又雄が来て館長と交渉するも不調に終わると一旦兵を引き揚げ、その後に副島倉助引率の出征服着用の兵士が到着している】

凶行者未だ明瞭せずやと頻りに責め　且曰く　此の引率せる兵隊が昨日軽蔑を受けたる兵なるを以て請ふ取調の模様を参観せんと　館長並に教頭一同之を拒絶すれども　倉助は之を肯ぜず　参観するの権利ありと争ひたれども勉めて之を拒絶したり　然るに倉助が率ゐ来れる兵卒は　武器を携へたる儘伍を解き　猥りに館内を徘徊するにより　寄宿舎取締役より倉助に向ひ之を制止せん事を請求したれども　館内散歩は本官より許し置きたるにより徘徊する事もあるべし　と冷淡なる返答をなせり　彼等が挙動の甚だ暴慢なるにより　後日の為め実地の模様を一応視察を受け置きたき旨県庁に述べしかば　属官渡辺村男出張し　間もなく三課長後藤章

臣も出張し　兵隊引揚のことを倉助に請求せしかども　承諾せざるにより　営所に赴き同件を談判し　帰途渡辺村男に面し帰庁せり　初め中隊の本館に入るや職員に対し此の表門の外他に出入の門戸はなきかと問ひ　館内を鎖し一人も外出せしめず　村男の如きは之れが為め一時外出を得ざるにより　倉助に向ひ封鎖するの権限ありやと問ひしに有りと答へしゆえ　県庁に用向ある旨を告げ僅に外出することを得たり　午後五時頃　倉助は館長に向ひ今より兵隊は引揚ぐることとなせり　未だ取調の結果は分らずやと問へり　館長は彼が追責の甚しきが為め　明廿六日午後六時迄には何分の確答に及ぶべき旨を約せり　然らば兵隊は引揚ぐべし　尚下士一名（岡村忠夫ナリ）兵卒一名は残し置き取調を参観せしめんと云へるを以て　前回同様拒絶すれども容易に諾せざるにより　渡辺村男側より喙を容れ始めて承諾はしたれども　兇行者発覚迄は二名の兵だけは残し置くにより取調の結果を報告せよ　と云つて兵卒は引揚げたり　其の後に曹長大野又雄又来館せり　午後七時頃に至り本県書記官山崎忠門出張の上曹長に向ひ　残兵をも悉皆引上のことを申し入れ　且兵卒の出張ありては　為めに生徒の疑心を生じ却つて調査上実を得ること難き旨を述べられたり　曹長は長官の命を奉じて出張せしことなれば　一応長官へ引合何分の指揮を受けんとて営所へ赴きたり　次いで山崎書記官は館長に向ひ　悪戯者判明せざれば営所に対し不都合なり　今夕勉めて之を取調ぶべし　且取調べたる始末は明朝営所に趣き報告をなし置くべき旨を命じ　又生徒審問の実況を熟視して帰れり　折から順次取調済みたり生徒百余名を岡村軍曹に告げ帰宅をなさしめたるに　岡村憤然として一年級生徒水野又太郎と云ふ者を引き来り　此の者三度迄予に突き中りたり甚だ無礼者なり　然れば此の度の兇行者も定めて此の者なるべしとて引渡したり　因つて再び取調べしに　此の生徒は平素も篤実なる人物にして　実際斯かる挙動はなかりしなり　午後十一時に至り　先きに大野又雄が営所に赴きし結果なるにや兵卒一同帰営せり

翌廿六日　山崎忠門来館　今日より軍隊と修猷館とは直接の談判を為さざることとしたれば　以後は本庁より連隊に往復するにより其の意を得べし　尚精々取調をなすべき旨を諭し　且之に関する緊要なる談話等をなし帰庁したり　館長以下職教員一昨日来生徒の取調に従事し　十分力を尽せども毫も其の罪跡を得ず　其の旨を知事に具申し　館長幷に教頭寄宿舎取締一同進退伺を出したり　又館長は彼と約定あるを以て営所に赴き取調の報告を為したり

翌廿七日午後三時比〔ころ〕　本県知事安場保和氏臨館の上左の辞令を渡され【筆者注：館長以下教頭、教職員四氏の処分辞令】畢つて別室に於いて各教員に対し軍隊の貴重にして敬せざるべからず理由を懇諭せられ　又各生徒にも簡単なる演説をなし帰庁せられたり　時正に午後四時なりき

（以下後半の大部分を省略、末尾のみ以下に記す）

是の時　福岡衛戍連隊長は佐藤正なりしが　是の年十月廿八日　歩兵第十八連隊附に補せられ　参州豊橋衛戍に往けり　斯くて此の事件は曖昧に局を結べり

2　修猷館回顧録　投石事件遺聞（「修猷通信」昭和三十八年一月一日）

小川霜葉（明治四十三年卒）

修猷館菁莪堂には、黒田長溥公以下の代々の藩主と歴代館長の肖像画と、この建物の名付親たる益田祐之先生の写真が、欄間にかかげられている。その中二代目尾崎臻（いたる）館長の額には「投石事件当時の館長」との添書がはさまれている。

一世を聳動した投石事件、修猷館の歴史に大きな波紋を画いた問題当時の立役者はこの人であった。白髪の長髯をなびかせた堂々たる風彩（マヽ）の人物である。修猷館の初代二代あたりは、藩校から新制の学制にひきつがれたとはいえ、黒田家の比重は大きかった。この館長も藩公の息のかかった人物である。選ばれてその職につくだけ学殖豊かで特に敷島の道に令名あり、後年まで、和歌の添削を乞うものは多かった。青年時代の写真、それは所謂銀版写真であるが、気骨稜々、精悍の気眉宇にあふれ、往年時勢を憂して慨慷闊歩した姿が、その帯刀と共に偲ばれている。

この人の三男に尾崎三雄というのがあった。私どもと修猷館の同期生であったので、終戦後私が大連から帰郷して以来、親しく往来しその寓居を訪ねていた。

その住居は、西新町防塁前の電停から西より南側の今日では珍らしいチンチク藪に囲まれた昔ながらの平家造りであった。ここは先祖代々の住家、館長もここで起居されたもので、黒田家の家風の間取、純然たる士族屋敷である。現在一部改造せられながら、柱から天井まで黒塗り、玄関のよりつきには槍、薙刀をかけるナゲシのあとがある。三雄君の話では、ある放送局開設の時、「昔の福岡の面影」としてこの住居内部を撮影して放送したことがあったという。それほど往時の夢をたたむ住居である。

ある日、この三雄君が父の日記の記すところ元館長の話が出て、投石事件に関連したことを語ったことがあった。全く興味深く耳よりの話であった。後日修猷館七十年史の発刊前、私は出掛けてその日記の借読を申込んだ。ところがその書類は焼き捨てたとのこと、これは全く惜しいことであった。これによれば「投石事件の側面観」ができ貴重の資料となったので、何故あの話のとき、その場でかき写しをせなかったかと悔いたが、事すでにおそし、百年の悔いである。その後、この三雄君も夏日午睡のまま脳溢血で不帰の客となった。これで側面観をたぐる糸はプッツリ切れた。

しかし、三雄君から聞いた話には多少の記憶はある。むろん、日常の談話で日付、人名、地名などのくわしい点は洩れているが、それでも消息は通ずる。そこで、同事件の遺聞として左に述べる。

× × ×

投石事件は明治二十四年三月二十四日の出来事である。波紋は大きくなり、最後は陸軍省と文部省との問題にまで発展した。そこで、尾崎館長は文部省から東京まで呼ばれて同省へ出頭を命ぜられた。船で神戸まで行き、東海道線で上京の道筋、本省に出掛けるには服装を整える必要があり、着京早々フロック・コートを新調したと日記にある。

陸軍省の掛合いは相当のものであったが、文部省の腰も強硬で、今日の言葉でいえば「学園の自由を守る」というわけで、軍部の圧迫に抵抗していた。

着京後、尾崎館長は、同郷の先輩連中を歴訪した。文部省の問題としてだけでなく、黒田藩の面目、もう廃藩以後ながら修猷館は藩校を引き継いだもの故、このことから先輩たちの斡旋、庇護が陰に陽にあり、就中、太田貴族院書記官長が親身の世話をやり、文部省まで同行されて、尾崎館長の釈明に附言されたことが、日記の各所にあらわれていた。

尾崎館長の文部省での弁理が条理整い本省の納得を得、事件は学校側の瑕瑾とならず落着する見通しができて、尾崎氏は離京の運びになり、先輩たちも大喜び、盛んな惜別会があった模様も日記でうかがえた。

かくて事件は大団円になり、文部省の抗弁が通ったが、陸軍省では、第二十四連隊が、「原因不明の事件にみだりに兵を営外に動かした」ことが問題となり、佐藤連隊長は責を負って転勤となった。

この佐藤大佐は日清戦役で平壌攻略戦に於て元山支隊長として日本海から元山に上陸、遠路強行軍して側面からの攻撃に偉功を立て鬼大佐の異名を取った将軍であった。福岡在勤時代も、時々非常呼集を行い平時でも有事を忘れぬ猛訓練振りであったと、当時在営した連中の話である。

この連隊長左せん（ママ）の報に、尾崎館長は晏如たることを得ず辞意を申出た。しかし、事件は学校側の瑕瑾とならず終ったので、その儀に及ぶまいと、藩公を始め周囲で慰撫につとめたが、尾崎氏の決意が硬いので、それでは後任を誰にするかが問題となった。この時、尾崎氏は「それは私に方寸がある」とて、自から熊本〔山口の誤り〕へ出掛け隈本有尚氏を訪ねた。この隈本は初代館長であり、現に第五〔山口の誤り〕高等学校の教授であった。尾崎氏は自己の微衷を述べて隈本氏に再度館長に就任することを懇請した。この乞いが容れられて隈本氏の第三〔四の誤り〕代館長就任となった。それは明治二十七年八月であった。

それから数年、佐藤大佐が予備役に編入された時、ブラリと福岡に来り尾崎元館長の家を訪ねてこられた。事は意外であったが、尾崎氏は喜んで座敷に通し、酒盃を傾けながら往時を談笑した。事件の大立者が胸襟を開いての懐古談は、往年の古武士の淡懐さを如実に示している。

×　×　×

以上が三雄君の話の要旨である。甚だ漠たる記述ながら、これも書きとめずば永久に湮滅すると思って、ここに誌す次第である。

（明白な誤記・誤植は改めた）

第二部

儒学から英学へ

原書教科書を正則英語で授業した明治の修猷館

第一章　幕末福岡藩の対外政策

1　福岡藩の開明性と財政難

修猷館は朱子学を奉じた福岡藩の藩校を源流としていることは広く知られている。しかし創立当初の英語専修修猷館では漢文の授業は一切行わず、英語の原書教科書を用いて日本語をまじえず正則英語で授業していたのである。当時の東京大学では一八八三（明治十六）年から英語での講義をやめ、日本語で講義を始めていたが、八五年に創設された英語専修修猷館では英語で授業を始めたのであった。

その源流は江戸時代に始まる。そもそも福岡藩は九州の大藩であり、長崎に近いことから、佐賀藩とともに一六四一（寛永十八）年以来、一年交代で長崎警備の大役を幕府から課せられていた。その関係から蘭学研究が盛んであったが、一八五三（嘉永六）年、ペリーの浦賀来航とそれに続く五八（安政五）年の日米修好通商条約に始まる安政の五カ国条約締結もあり、開港地となった長崎には各国の艦船が来航し、多くの欧米の文物が流入するようになった。長崎は以前にもまして、新しい世界情勢や諸外国の文化や艦船・武器などの軍事技術を吸収する重要な都市となった。

諸藩は対外問題対処のため長崎を重視し、世界情勢の入手と西欧文明摂取に努めるが、従来のオランダ語だけでは通用しない時代の到来を知ったのである。各藩においても英語、フランス語その他の外国語習得が必須になってきていた。このような状況の中、福岡藩の蘭学者の中には独学で英語を学ぶ者も出てくるようになる。ところで幕府は、一八五四（安政元）年の日米和親条約、五八年の安政の五カ国条約で鎖国政策を開国へと改めていたが、日本人の海外渡航は依然として禁止されたままであった。しかし一八六七（慶応三）年になると幕府はこれを解禁し、各藩の海外留学生派遣を認めることにした。洋学に関心の高かった藩主黒田長溥はこれに呼応して留学生派遣を実行したのである。

しかし、幕末に海外留学生を派遣するような藩は非常に少なかった。尾形裕康の『西洋教育移入の方途』（野間教育研究所、一九六二）によると、明治維新前に各藩から派遣された海外留学生の総計は四十五人で、薩摩藩十六人、福岡藩八人、佐賀藩と長州藩の留学生は五人であった。薩摩、長州、佐賀の留学生はすべてイギリス派遣であったが、福岡藩はアメリカのボストン五人、オランダ二人、スイスのローザンヌ一人となっている。スイスではフランス学を学ばせている。派遣計画にやや難があったものの、全国三百余藩の中では突出しており、それも一カ国に限定していない。ここには福岡藩の先見的開明性が窺われる。

ところが、留学生活が軌道に乗り始めた一八六九（明治二）年一月、突如、藩からの帰国命令に接することになる。幕末から悪化していた福岡藩の財政は、戊辰戦争（一八六八）による出費増大で、贋札製造にまで手を染めていたのである。

スイスに留学していた松下直美（なおよし）（一八四八〜一九二七）は藩からの送金が途絶えたことで、アメリカのボストンに戻って当地の留学生と今後の留学生活のことを協議している。一年数カ月の留学体験ながらその意義を充分に理解していた彼らは、世界情勢についての情報取得と西欧文化摂取のために留学を継続することで一致した。そして、すでにスイスを引き揚げていた松下を帰国させ、藩に派遣事業継続を嘆願することにしたのであった。

松下は一八六九（明治二）年六月に帰国し、東京で早速藩当局と交渉を始めたのだが、財政難の一点張りで、事業継続は認められなかった。だが、長崎とボストンで一緒に学んだこともある岡山藩留学生花房虎太郎（一八四二～一九一七）が当時新政府の外国掛をしていたので、彼を頼ってボストンに残っていた三人のうち、若い本間英一郎（一八五四～一九二七）と井上良一（一八五二～七九）の二人を政府兵部省の留学生に切り替えることができた。しかし最年長の平賀義質（一八二六～八二）は許されなかった。

すでに幕末の福岡藩主長溥は家督を世子長知に譲っていたため、困り果てた松下は老公長溥に懇願し、平賀については一年間だけの延長が認められた。幕末のきわめて開明的であった福岡藩の留学生派遣事業は、財政難からわずか三年で終了せざるを得なかったのである。

2 〝洋学ブーム〟の到来

松下は帰国後しばらく東京に滞在していたが、一八六九（明治二）年七月に版籍奉還が行われて府藩県三治制が施行され、幕府直轄地は府ないしは県を称することになり、諸藩はそのまま藩を称した。旧藩主は藩知事と称されることになる。九月になると黒田長溥・長知父子は福岡に帰郷することになり、松下も随行して福岡に帰ってきた。松下はその後鹿児島、長崎、大阪に遊学するが、福岡藩に洋学所の設立を思い立ち藩に献策した結果、一八七〇年十二月、修猷館の一室に洋学所を開設することができた。

この洋学所は、最初から英・仏両国語の授業を目的として出発している。教師の中心となったのは英・仏両国語に通じる松下直美であり、松下はフランス語を担当したが英語も兼任し、英語については他に、ボストン留学を経験しながらも事情あって早期に帰国していた青木善平、船越慶次も担当している。当初の英語教科書は英語初歩を松下自らが作成し、これを印刻師に版木を彫らせて木版手刷りとして使用させていた。当時の洋学校の苦心が偲ばれる。なお『修猷館二百年史』では英語のみ教授したように記されているが、これは誤りである。英・仏二カ国語が正しい。

ところが、英・仏両国語に通じる松下の存在を政府は見逃さなかった。洋学所開設から半年も経たない一八七一（明治四）年四月末、突然兵部省から出頭を命ぜられ、松下は修猷館洋学所を辞することになる。福岡藩派遣留学生の中央政府登用第一号であった。しかし、端緒についたばかりの洋学所は中心となる指導者を失ってしまったのである。

加えて同年七月初め、黒田長知は贋札事件で処罰され、藩知事罷免となった。藩校修猷館も洋学所も黒田家の手を離れてしまい、新しい藩知事に有栖川熾仁親王が就任したのであった。しかし七月中旬に廃藩置県の詔書が出され、藩は県となって藩知事は県令と称されることになる。新県令も洋学校の継承に意欲を示し、九月に英・仏洋学校教師四人雇い入れを政府に掛け合うなど、幕末福岡藩の洋学重視策はそのまま受け継がれていた。廃藩置県により従来の藩校は「福岡県学校修猷館」となり、政府の指導を受けることになるが、県学校になってからも洋学への関心は高く、幕末から明治にかけて蒔かれた洋学の種は福岡の街に〃洋学ブーム〃を到来させることになる。

一八七一（明治四）年の廃藩置県後、県は学校の拡充を図り、福岡の本校修猷館の他に遠賀、嘉麻、上座（かみつくら）

（現朝倉市杷木町）、朝倉に出張所を設け、国学、漢学を地方でも教授することにしている。ただし洋学と算学は本校修猷館のみで実施されたようだ。その内容は洋学の場合、教員定員四、生徒定員一八〇に対して、生徒実数は定員オーバーの一九五で、他の教科はすべて定員割れであった。当時の福岡における新しい西欧文化に対する関心の高さが知られる。

これは県学校だけでなく、市井の塾にあっても同様な現象が見られる。一八七二（明治五）年六月段階で、四十四名の生徒を抱える洋学専門の塾が一つ、国学を主としながら漢学と洋学を教授する塾が一つ存在していた。ここには十数名の洋学生が学んでいた。

このように明治初年の福岡における洋学熱は、黒田家の影響を離れても盛んであったが、他県と違うところは外国人教師の不在であった。原因は財政上の問題で、明治初年の贋札事件が尾を引き、他の熊本・三潴・豊津の各県は高額の年俸を払って外国人教師を雇い入れていたが、福岡県については政府の監視が厳しく、高額支出が不可能であったのだ。そのため外国語熱は次第に薄れはじめ、そのような状況下にあっても福岡県は一八七六（明治九）年に、外国人教師のいない福岡県英語学校を設立している。

しかし、この時にそれまでの県学校修猷館を廃止しているようで、「県福岡中学」の名称が見られない。新たに登場したのが「福岡県英語学校」であったが、在籍生徒数は八十六人で、前年の県福岡中学校の生徒数一二二を大きく下回っている。かつて一八七二（明治五）年に、洋学科だけで生徒数一九五名を数えていた頃の熱気は吹き飛んでしまっていた。

余談になるが、県福岡中学と福岡県英語学校には女子学生一名が在籍していた。福岡最初の女子学生である。ただし残念ながら姓名ともに不詳である。

第二章　廃藩置県と福岡の英語熱

1　黒田家独自の英語摂取

この時期、廃藩置県により旧体制から解き放たれた幕末の旧藩主黒田長溥は、独自の西欧文化摂取の方策を講じていた。すなわち黒田家による私費留学生派遣である。一八七一（明治四）年十一月、政府は岩倉具視を正使とする遣外使節団を派遣するにあたり、欧米遊学を希望する華士族ならびにその子弟五十余人を同行させることにした。津田塾創始の津田梅子もこの時の一行の一員である。

明治6（1873）年6月，留学先の米国ボストンにて。右から，金子堅太郎，団琢磨，田中貞吉（旧岩国藩士），吉川重吉（旧岩国藩主弟）。（『男爵団琢磨伝　上巻』〔故団男爵伝記編纂委員会，1928年〕より。福岡県立図書館蔵）

長溥は、世子長知（三十三歳）に同行させる形で金子堅太郎（十八歳）、団琢磨（十三歳）をボストンに派遣したのであった。長溥は他藩が随行という形をとったのに対して、あくまでも同行という形で世子長友と別の環境で両人を留学させている。長溥のなみなみならぬ留学生派遣への決意である。その後も栗野慎一郎（一八五一～一九三七）を抜擢して同じくボストンに留学させている。

金子と団は一八七八（明治十一）年に帰国するが、この時黒田長溥は、令孫黒田長成を慶應義塾に入学させて英語教育を福沢諭吉に託していた。しかし慶應の英語教育に不信感を持つ金子は、長溥に慶應義塾の英語は正則英語でなく変則英語であり、世子長成君にはイギリス貴族の学ぶ大学に留学させ、クイーンズ・イングリッシュを習得させ、専門の学問を学ばせて、ヨーロッパの貴族たちと同様の教養と人格を磨くべきであるとして、慶應を退学させて大学予備門に通わせることを進言したのであった。当時の大学予備門では正則英語の授業が行われていた。

この進言を受け入れた長溥は、長成を退学させ予備門に入学させている。そしてこの年から留学生派遣をイギリスにシフトすることになる。一八八四（明治十七）年、大学予備門を卒業した長成はケンブリッジ大学に留学している。その翌年に英語専修修猷館を設立したのであった。

この時期、イギリスに派遣された私費留学生に平賀義美（ボストン派遣留学生の最年長者・平賀義質家の養子、旧名石松決。一八五七～一九四三）、添田寿一（一八六四～一九二九）がいる。ケンブリッジ大学に留学した黒田長成は、一八八八（明治二十一）年に学士号を得て帰国している。

2　英語教育不在の時代

その一方で福岡の英語教育は下火となり、福岡英語学校修猷館は一年限りで一八七七（明治十）年に廃止となり、翌年、新しく「福岡師範学校附属福岡変則中学校」が誕生したが、ここでは文部省の教則に基づく英語教育は行われず、英語教育は停止されていた。

一八八一(明治十四)年七月、文部省は中学教則大綱を通達するが、福岡県は実施せず、通達から二年後の八三年になって教則大綱に基づく福岡県立中学校規則改定が行われ、教科科目として英語が復活したのであった。それ以前の規則には英語科目は記載されていなかった。当時は英語・博物の教員確保が困難であったという事情もあるが、一八七七(明治十)年の英語学校廃止からこの時の八三年まで、実に六年間にわたる英語教育不在の時代が出現していたのであった。

英語教育復活後もすべての中学で英語教科が実施されたわけでなく、英語を実施する中学を甲種中学とし、他は乙種中学として区別した。

この間に藤雲館という福岡県最初の法律専門学校があり、ここでは英語が教えられていたようだが、その内容ははっきりしない(石瀧豊美『玄洋社発掘――もうひとつの自由民権』参照)。外国人教師もいたようだが、どのような内容の英語であったか定かでない。この藤雲館が現在の修猷館の前身であるとする説が福岡の郷土史では定説化している。この件については次章で詳しく述べたい。

3　ボストン留学生派遣事業の成果

わずか三年で終了せざるを得なかった留学生派遣事業であったが、先に帰国した松下の努力で本間英一郎と井上良一は兵部省の留学生に切りかえられ、ボストンから七〇キロ程離れたウースター兵学校で学ぶことになる。しかし年長の平賀義資の留学延長願いは叶わず、黒田長溥の特別の計らいでようやく一年間だけ留学期間延長となった。彼ら留学生のボストンでの生活ぶりについては、塩崎智『アメリカ知日派の起源――明治の留学生交流譚』(平凡社　二〇〇一)に詳しい。

一年間だけ猶予をもらった平賀は、一八七〇(明治三)年冬に帰国する。彼は翌年、ボストンで世話になった商人アトウッドに博多女性と二番山笠の紹介写真(現在ボストン美術館蔵)を送っている(前記塩崎著書)。現存する一番古い山笠写真は櫛田神社所蔵の同年の一番山笠だが、同じ年の二番山笠写真がボストン美術館にも所蔵されているのである。このことは幕末における福岡とボストンとの深いつながりを示すものと言えよう。

先に帰国した松下は藩に上申して、一八七〇(明治三)年十二月に修猷館の一室に英・仏二カ国語の洋学所を設立していたが、洋学所の内容については次項で詳しく述べたい。その彼は翌年四月、突如兵部省から出京を命ぜられたのであった。当時、陸軍はフランス式、海軍はイギリス式を採用しており、フランス語専門の松下は海軍を担当することになり、英語でもって海軍関係の通訳や翻訳の仕事をしなければならなかった。しかし病気のため七月に兵部省を退職している。

一方、ボストンにただ一人残った平賀義質は、特定の学校に在籍することなく、名門公立学校長や有名法律家に個人的に師事して学問を続け、法律を重視して大律万国公法やストレ著『大律要領』などを読んでいた。その間、折を見てはさまざまな施設や制度を見学し、外国にあって世界情勢の変化を目の当たりにする生活であった。

また当時の留学生は二十歳前後の若者たちで、年長者の平賀は福岡藩の留学生だけでなく他藩の留学生からも頼られる存在であり、コネチカット州やニュージャージー州から平賀を訪ねてくる者がいるほどであった。

しかし送金が途絶えると経済的に困窮し、「金がなくては何も不成、悟をつけて貨殖書を始居申候」との手紙を花房虎太郎に送っている。貨殖書の内容はよく分からないが、貨殖とは資産を増やすことであり、おそらく保有する滞在費の利息のやりくりをしていたのであろう。年長者として若い留学生の生活を取り仕切るだけでなく、経済生活の保証も含めて重大な任を負っていたのである。

わずか三年間のボストン留学であったが、平賀義資の福岡藩留学生派遣事業に果たした役割は非常に大きかった。その彼も一八七〇（明治三）年冬に帰国し、翌七一年四月に福岡に帰郷して近くに住む団琢磨などに英語を教えていたが、七月になると政府から呼び出しがかかる。司法省判事となったのである。この年十一月、岩倉具視を全権とする遣欧使節団が派遣されることになり、平賀は通訳として同行することになる。使節団がアメリカに到着すると通訳としてワシントンに駆り出されたのが、兵学校を出た後ボストンに戻り、ハーヴァード大学法学部、マサチューセッツ工科大学にそれぞれ在籍していた井上と本間であった。

この使節団に随行した各藩留学生の中には、松下から英語のてほどきを受けた金子堅太郎、団琢磨の二人も混じっていた。一八七三年三月に帰国した平賀は、同年九月、再び判事として活躍し、最後は函館裁判所長を務めて退官している。その後民間会社の社長をしていたが、一八八三（明治十六）年長男が服毒自殺をし、不審を抱いた彼は同薬を試飲して長男の後を追うように没してしまった。享年五十六であった。

ボストンから最初に帰国していた松下直美も司法省から通訳としての同行を求められていたが、一身上の都合で断り、使節団に留学生として同行する旧藩主黒田長友、旧藩士金子堅太郎、団琢磨らの渡航準備の世話に当たっている。その後平賀が帰国すると誘われて司法省に入省し、新設されたばかりの書籍収集や翻訳、法律家養成の明法寮（みょうぼうりょう）勤務が決定した。廃藩置県前の司法省ではフランス人法律家ボアソナード、ブスケを招聘していたが、松下にとっては得意のフランス語の実力を発揮するまたとないチャンスの到来であった。ブスケの宮中参内にあたっては通訳の任を勤めている。また司法卿江藤新平のもとで開かれる司法会議にも参加し、ボアソナードらの通訳にあたり、その他外国人司法裁判の通訳、さらにはブスケの建言書翻訳や諸種のフランス法典の翻訳、さらには司法省翻訳規則書を作成して自ら建言している。

一八七二（明治五）年十一月から始まった民法会議ではブスケの通訳を担当しており、スイス留学当初窮理学（物理）を専攻していた松下は一転して法学専門となり、わが国近代法典編成の一端を担うことになったのである。通訳としてはブスケに同伴することが多かったようで、民法会議以外に商法会議にも参加してブスケの通訳をしている。

一八八〇（明治十三）年に太政官制の一部改編があり、松下は太政官参議直属の法制部勤務となって翌年五月判事に転じている。判事としては長崎、広島、山口などの裁判所長を務め、一八九九（明治三十二）年一月には大審院判事に昇進したが、従来から体調思わしくなく同年同月に判事を辞している。

しかし退官後の松下の隠居を世間は認めず、同年八月、福岡市議会は満場一致で同氏を市長に推薦したのであった。福岡市長としての松下の仕事の中で特筆すべきは、九州帝国大学誘致運動の成功であろう。長崎・熊本県も加わっての誘致合戦であったが、彼は一九〇一（明治三十四）年、自ら福岡の名望家や財界人を商工会議所に招集し、協議の結果一一六名からなる九州帝国大学設置期成会を組織している。この彼のリーダーシップが功を奏し、一九〇三年に九州帝国大学の前身としての京都帝国大学福岡医科大学が誕生したのであった。

現在の九州大学は一九一一（明治四十四）年、京大医科大学と新設の工科大学を合わせて九州帝国大学として誕生し、以降、九州大学は九州の文教の府としての役割を担うが、その創設にあたっての松下の役割は大きかった。

4　井上良一と本間英一郎

以上、福岡藩の留学生派遣事業における平賀、松下の功績を述べてきたが、次に井上良一、本間英一郎の場合について述べることにする。

兵学校を出た井上は一八七二（明治五）年、ハーヴァード大学に入学して法学を専攻しているが、傍らボストンの知識人と深い付き合いを持ち、その優れた才能は衆人の注目するところとなる。当時、アメリカで発行された『Japanese in America』が日本人留学生の作文を収録した時、思考力と英語に優れていた井上の作文は四本も取り上げられた。

その中には歯に衣着せぬアメリカ文明批判もあったが、ボストンの人々の感情を害することはなく、かえって知識人を感心させたという。前出の塩崎智は「アメリカ文明にいたずらに感化されることなく、母国の文化と自己の主張を失わない。それでいてアメリカ人に、日本人も西洋人と同じ人間だと思わせるだけの人間力的魅力を兼ね備えた人物」と高く評価している。

ハーヴァード大学在学中の二年間は勉学の傍ら法廷事務を学び、一八七四（明治七）年に学士号を取得し、同じくマサチューセッツ工科大学の学士号を得た本間英一郎と七五年八月に帰国している。帰国後の両人は黒田家邸内に福吉社という英学塾を開校して一般子弟に英語を教えている。短期間だがここで学んだ一人に、黒田家から抜擢されてボストンのハーヴァード大学に学んだ栗野慎一郎がいた。

その後井上は東京英学校と開成学校で教鞭をとり、一八七七（明治十）年には二十五歳の若さで東京大学法学部初代教授に迎えられている。塩崎の著書によると、辛口の批評家として知られる三宅雪嶺はこの時期、開成学校、東京英学校で学んでいたが、井上への評価は高かったという。学生への面倒見がよく、それでいて上司には遠慮会釈なく口をきくという魅力ある教師であった。学生思いの、学生の気持ちの分かる教師であったようだ。

しかし井上は、精神的に異常を来し始めていた。十五歳で渡米して二つの全寮制高校で英語生活にひたって勉学し、ハーヴァード大学を卒業した彼は、帰国後の日本で母国語の会話に不自由を来していた。加えて帰国後の日本社会は渡米前と大きく変わっており、言葉への自信喪失と激しい社会変動は大学での講義にも自信を失わせていったようで、周辺は療養を勧め一時小康を得たようだが、一八七八（明治十一）年一月、留守宅の恩師平賀宅を訪れた時、家人の応対を受けることなく井戸に飛び込み自死してしまった。新設間もない東京大学法学部で大きな業績を残すことなく短い一生を終えたが、ボストンでの活動は日米交流史の中で特筆すべき内容を持っていた。

もう一人の本間英一郎は、マサチューセッツ工科大学で鉄道学を専攻し、井上とともに帰国し、黒田邸福吉社で英語を教えたのち京都府雇となり、道路改修、河川橋梁などの土木工事に従事していた。この時期に福岡県令の要請で博多湾の水深測量などを行い、築港設計図を作成して博多湾築港建設の先駆けとなっている。

京都府の技師を辞したのちは鉄道局に移り、十四年間にわたり、ボストン留学で得た知識を発揮して我が国の鉄道事業発展に大きな貢献をする。

彼は技師として留学で得た知識を発揮し、各地の鉄道設計と敷設監督に当たり、多くのトンネルを掘っているが、中でも有名なのが日本人最初の掘削である旧北陸鉄道柳ケ瀬トンネル（滋賀県）であり、さらに碓氷トンネルの掘削とアプト式鉄道の敷設であった。

鉄道省退職後の一八九三（明治二十六）年に本間鉄道事務所を東京に設立し、各地の私鉄の建設請負業をし、その後は総武鉄道、北越鉄道、東武鉄道の技師長などを務め、やがて北海道炭鉱鉄道会社顧問、総武鉄道会社社長などを勤め、その足跡は全国に及んでいる。福岡県でも日清戦争の時、筑豊炭田の石炭積出港として船越湾（糸島市）が候補地にあがり、筑豊の石炭を飯塚―篠栗―前原―船越と結ぶ鉄道案が浮上し、船越鐵道が設立されて本間は設計に関わったが、経済不況に見舞われ陽の目を見ることなく終わってしまった。

幕末福岡藩黒田長溥のボストン留学生派遣事業は、二名の脱落者が出たものの、平賀、松下は司法の場で、井上は法学者として、本間はわが国鉄道事業の発展に、それぞれ大きな貢献を見せたのであった。この英語重視策は功を奏し、長溥は大きな自信を持ったようで、廃藩置県後も私的事業として留学生派遣を継続していく。その延長線上において英語専修修猷館の誕生を見るのである。

第三章　藤雲館は修猷館の前身か

1　福岡最初の法律専門学校・藤雲館

一八八一（明治十四）年、福岡区（市制移行は一八八九年四月）天神町に変則法律専門学校藤雲館（とううんかん）が誕生した。その前身は箱田六輔（一八五〇〜八八）が社長となって七八年に結成した政治結社向陽社の教育機関向陽義塾で、その跡を継いだものである。向陽社の学科は漢学が主流であったが、新時代に対応して法律、英語、物理、化学も教えていた。

当時の政治状況は近代化推進のため種々の方策が採られ、中でも治外法権問題もからんで近代的法整備は対外的にも対内的にも喫緊の課題となっていた。一八八〇（明治十三）年にまず刑法・治罪法が制定されたが、六法典の完成を見るにはさらに二十年の歳月をかけることになる。この法治国家建設の必要性は地方政社においても充分認識され、その流れの中で法律専門の学校藤雲館は誕生しているのである。

一八八〇年五月、向陽社から分離して政治結社玄洋社が設立されると、翌八一年、向陽義塾を閉鎖し、その同日に藤雲館を浜町（福岡市中央区）に開校している。

開校当初の学規（修猷資料館蔵）によると、「本館ハ変則ヲ以専修ノ学科ヲ修メシムル所ニシテ　学科ヲ（法律）（英学）ノ弐科トス　而別ニ副学科ヲ置キ和漢書　及ヒ文章学ヲ教授ス」などの条文が記されている。その後、数学が加わる。

ところで、藤雲館について郷土史研究者の間では、これを一八八五（明治十八）年創立の英語専修修猷館の前身であるとするのが通説化しているようだが、私には大いに疑問が残る。

藤雲館設立当時の状況について詳述された論文に、『筑紫史談』八六集に掲載された九州大学法文学部教授金田平一郎の「藤雲館小考――福岡県に於ける法学専門教育施設の権輿」（一九四三）がある。その中で金田は、一九〇九（明治四十二）年の水野元直編輯、毛筆草稿「藤雲館の創立」の中にある次の文章を引用している。

「箱田六輔辞任後此を福岡天神町に移したり」

そして同書から次の史料を紹介している。

明治十四年一月七日を以て向陽義塾閉塾を福岡県令に届け出たり　其届書左の如し

閉塾御届

福岡区本町九十三番地ニ於テ向陽義塾ヲ設置致シ教育罷在候処　今度都合ニ依テ閉塾仕候間、此段御届申候也

明治十四年一月七日

福岡県那珂郡春吉村　久田　全　代　印　吉田鞆次郎

然して同日を以て更に私学校設立届を提出す　此れ

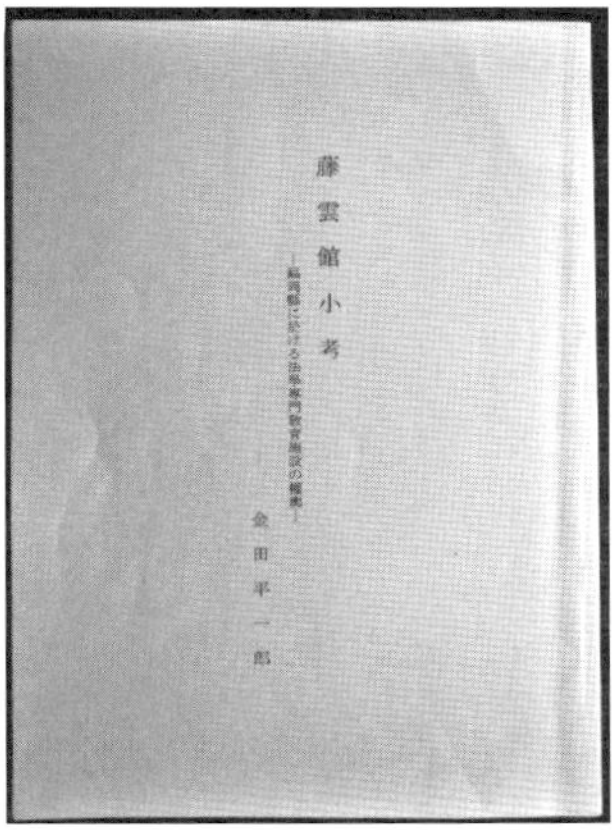

金田平一郎「藤雲館小考」（修猷資料館蔵）。この冊子は修猷資料館だけでなく，福岡市総合図書館や他の図書館でも閲覧できる

藤雲館の濫觴とす　其届左の如し

私学校設立届

私共儀　私学開設ニ付　曩ニ福岡天神町七十八番地拝借仕居候処　目今新築中ニテ落成マテハ数十日ヲ要候条　今般福岡区浜町十五番地ニ於テ仮ニ開業仕候条　教科書及教科表相添御届申上候也

明治十四年一月七日

那珂郡下警固村五十七番地　岡沢三中
早良郡西新町　樋口　競

一、学校名称及地名　藤雲館　浜町十五番地
一、学校資金　醵金
一、生徒教養ノ目的　変則専門学校
一、教科目　法律科　英書科　漢籍科　数学科

明治十四年一月八日　藤雲館設立人岡沢三中　樋口競より一月十日開館式執行に付　県令に臨席を願ひ出てたり

明治十四年十月一日　私学藤雲館天神町へ新築落成に付　開館執行の旨創立発起惣代上野弥太郎　岡沢三中　樋口競より出願す

経費は有志の醵金と黒田家の補助にて維持せり　明治十八年七月一日　県立英語専修学校設置となり藤雲館を修猷館と改めたり

以上が金田による水野元直の草稿「藤雲館の創立」からの引用部分であるが、ここでは「藤雲館を修猷館と改めたり」と断言している。これでは私塾藤雲館がそのまま県立修猷館に移行したことになってしまう。実状は、藤雲館とは別の形態で一八八五（明治十八）年に修猷館は創立されたのである。どうも水野が藤雲館を修猷館の前身と断言した最初の人物のようである。建物は前身であっても、学校組織や教育内容まで含めて前身と断言したものなのか、このあたりへの言及がない。他の部分でも水野は「藤雲館は実に今の県立中学の前身をなす」といとも簡単に記述している。

水野は本来書家であるが、玄洋社員であったことから玄洋社史研究にあたり、その過程で前記資料に遭遇し、藤雲館を修猷館の前身とする結論を導き出したようである。しかしその論は修猷館と藤雲館の教科内容の対比と吟味を欠いており、ただ黒田長溥の高額の資金援助があったこと、藤雲館跡の校舎を修猷館が使用したことのみで、藤雲館を修猷館の前身としているのである。

これにならってか、一九一五（大正四）年七月発行の『福岡県立中学修猷館一覧』は「カクテ中絶スルコト十年　明治十四年ニ至リ又モヤ黒田家経営ノモトニ一学校ヲ天神町ニ設立シ、藤雲館ト命名シ　英語専修ノ目的ヲ以テ中学ノ課程ヲ教授シ　三年ヲ以テ卒業ノ期トセリ／明治十八年〔略〕同年五月三十日ヲ以テ県令岸良俊介新タニ本館設立ノ旨ヲ告示シ　福岡県立修猷館ト称シ其規則ヲ発表セリ」と記しているが、ここでこの一覧の編纂者は藤雲館を黒田家の経営とし、修猷館と連続させてしまったのである。この誤りは水野の説以上の大間違いである。藤雲館を設立当初から英語専修の学校としているのである。法律科、漢籍科、数学科について記述していない。

つまり、一八八一（明治十四）年に黒田家の経営で英語専修を目的とする藤雲館が設立され、それでもって事実上の修猷館再興とし、八五年に至って名称を修猷館に変更した、と記述しているのである。学校が公的に出した刊行物であるだけに、大正以降の卒業生の間では藤雲館を修猷館の前身とすることが定説化したものと思われる。

しかし、英語専修修猷館の教育課程は、当時の中学校教則大綱と一致しないものであった。この点については次の項で詳述したい。この時の『福岡県立中学修猷館一覧』は、法律専門学校として出発した藤雲館のことを完全に忘れて、藤雲館をもって修猷館の前身として学校史を記述しているのである。この誤った解釈が修猷館史に与えた影響はきわめて大きい。

2 藤雲館設立資金の性格

先述したように、確かに藤雲館は黒田家の援助でもって設立経営された学校であった。しかし水野元直の説以降、明治・大正・昭和にわたって活躍した郷土史家大熊浅二郎や、前出の九州大学法文学部教授金田平一郎もこの説に賛同している。近年では石瀧豊美の『玄洋社発掘』もこの説を受け継いでいる。このような状況は一九五五（昭和三十）年発行の『修猷館七十年史』に受け継がれ、私自身が直接関わった一九八五（昭和六十）年発行の『修猷館二百年史』も、藤雲館を修猷館の前身として取り扱っている。これは不勉強にして『金子堅太郎自叙伝』の存在をまったく知らなかったことによるもので、編纂に関係した私自身大いに恥じている次第である。この金子の自叙伝によって初めて私は、藤雲館を英語専修修猷館の前身とすることには無理のあることを知ったのである。

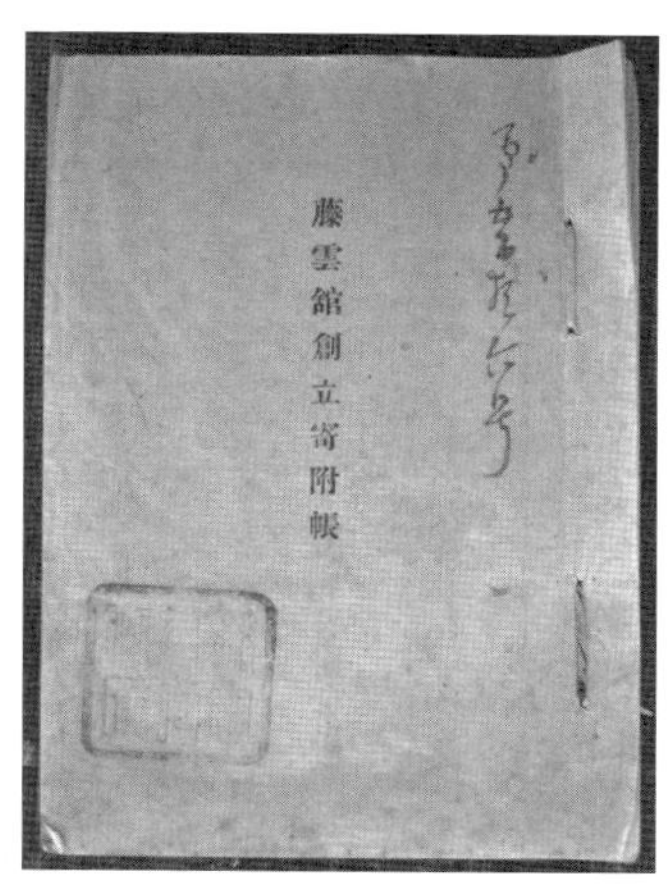

1881（明治14）年の「藤雲館創立寄附帳」（修猷資料館蔵）

先に述べたように藤雲館は福岡県最初の法律専門学校であり、英語専修を目的とするものでなく、法律の教科書は原書を用いていたが、藤雲館学規には「法律ハ原書ヲ用ヒ　教員之ヲ口訳シ学生ヲシテ筆記セシム」とあり、教師の口語訳を学生が筆記するというものであった。後の英語専修修猷館のように教師自らが正則的な日本語を交えない英語での授業形式にはなっていなかった。そして設立も経営も旧福岡藩士たちの手で行われていたのであり、黒田家の経営関与はなかった。

水野の草稿「藤雲館の創立」発表より五年前の一九〇四（明治三十七）年、修猷館が創立二十年を記念して発行した『修猷館再興録』では、藤雲館を修猷館の前身と見なしていない。同書には「天明四年本館創立より凡そ八十七年（注：廃藩置県の一八七一年）にして廃止し　既に廃して十四年是に至りて再興せり　而して其の教則は英語専修の目的を以て中学の課程を教授し　三年を以て卒業の期とせり」と記し、修猷館再興を一八八五（明治十八）年と正しく記している。

『修猷館再興録』によると、藤雲館創立にあたって旧福岡藩士たちは黒田家に伺いをたて、当初の学校建設資金には、各郡区に配分することになっていた筑前（三県統合前の福岡県）の残余金を充てることにした。福岡区長小野新路は区会に諮って承認を得るとともに、これに有志者の醵金を加えることにした。設立にあたって黒田家の強力な意志は働いていなかった。資金援助の要請に応えただけであり、藤雲館設立は向陽社系の旧藩士たちの発案によるものであった。

一八八一（明治十四）年一月七日、向陽義塾廃業届、同日に私学校藤雲館開設届、そして黒田家の高額な資金援助、旧家老黒田一美の総裁就任、そして黒田長友の「藤雲館」と揮毫した大きな扁額の授与という事実を並べると、藤雲館が再興修猷館の前身であるかのような印象を与える。

しかし、これでは修猷館は地方政社の教育機関向陽義塾の流れを汲み、民権運動の延長線上で再興されたことになる。しかし黒田家は学校経営に一切関与せず、開校後も財政的援助を行っているが、経営を委託したのでもなかった。学校財政破綻後は、組織や教授科目も引き継がず、負債を肩代わりして土地・建物・器具類を引き取っただけである。藤雲館は黒田家の恩恵で借金を肩代わりしてもらい、不名誉な学校倒産を免れたというのが実情である。

以上の経緯からも分かるように、藤雲館は、設立段階からその中途における経営困難期も含めて黒田家より多額の資金援助を受けたことは理解できるが、学校設立や教科内容、その後の学校運営にまで黒田家の介入はなく、旧藩士たちの手によって学校経営はなされたのであり、「黒田家の学校」とは見なしがたい。

3　ずさんな学校経営

そもそも福岡最初の法律専門学校として出発した藤雲館だが、当初から財政は非常に苦しかった。設立資金は福岡区役所に配分された公債証書売却見込金二〇三〇円と黒田家からの寄付六百円のみで、総額四八八六円二十六銭五厘にのぼる建築ならびに維持資金の半額をわずかに超える程度でしかなかった。学校経営はその当初から無理なことであった。不足金は二二五六円二十六銭五厘にも及び、学校建設費どころか開校後の教職員給与、校舎営繕費、その他臨時費は完全に不足していた。そこでさらに黒田家に無心して一二〇〇円の寄付をあおぐとともに、東京在住の筑前出身有志者からの寄付六百円、生徒からの月謝三六〇円を見込んで財源確保の見通しを立てるのだが、それでも不足する有様であった。そこでさらに県下有志者からの醵金に頼らざるを得なかった。

藤雲館開校から四カ月後の一八八一（明治十四）年五月に上京した上野弥太郎は、黒田家に再度の維持資金を乞うて三百円を得て帰福し、ようやく学校経営を本格化させることになった。まったく綱渡り的な学校発足であった。結局、開校にあたって黒田家の資金二一〇〇円が投じられているのである。これが藤雲館発足時の財政状況であった。

この援助によって藤雲館はそれから四年余にわたる学校経営を可能にしたのであった。上記の金額から見ても、建設ならびに維持資金の過半は黒田家から出ていたことが了解できる。しかし同家の藤雲館への支出は非常に大きいものの、経営の主体はあくまでも旧藩士たちであり、黒田家は旧藩士族のために寄金を行っただけである。

旧藩時代からの主従関係を重視していた士族たちの間に「黒田家の学校」という意識の存在していたことは無理からぬことであった。また黒田家の高額な資金援助の事実も、同館を修猷館の前身とする最大の根拠となったと考えられる。けれども当時の新聞が、再興修猷館は藤雲館を継承して創立されるとの報道をしていたことからすれば、市民の中の「黒田家の学校」観は新聞報道に誘導されたものである。しかし藤雲館の学校経営は出発当初から火の車の状態であった。

藤雲館創立当時の予算書では、一年間の維持費として教職員給与総額二一七二円、寮長二名、小使一名、宿直員俸給計二四〇円、それに営繕費・雑費・臨時費など一九〇円、合計二六〇二円を計上していた。特に教職員の給与は高額である。近藤典二の『教師の誕生――草創期の福岡県教育史』(海鳥社、一九九五)によると、一八八〇(明治十三)年から八二年まで県立福岡中学の校長であった尾崎臻の月俸は二十五円(年俸三百円)であり、当時県立学校での教職員月俸は教員で七円から八十円、書記で六円から十五円であった。私立専門学校の格付けがされていたにしても、藤雲館の教員給与は財政規模からすると高額と言える。黒田家から二一〇〇円の寄付があったとしても、わずか一年程度の俸給分でしかなかった。それ以降の見通しがないままでの学校発足のようだ。

4 黒田長溥の学校構想

黒田長溥は一八七一(明治四)年、子息長友と金子堅太郎、団琢磨をアメリカのボストンに留学させ、金子はハーヴァード大学で法学、団はマサチューセッツ工科大学で鉱山学を学ぶが、さらに長友が帰国する七四年に栗野慎一郎を抜擢してハーヴァード大学に留学させるなどしたが、明治十年代(一八七七年以降)になると留学先をイギリスにシフトする。一八七八(明治十一)年、東京大学理学部化学科を卒業した平賀義美(よしみ)(平賀義質家の養子、旧名石松決(さだむ))をマンチェスターのオーエンス大学で研修させている。そして八四年には孫の長成をケンブリッジ大学に留学させ、同時に旧藩士の石橋達と東京大学を卒業して大蔵省に入ったばかりの添田寿一を休職させて同行させている。

米・英に私費で留学させた金子、団、栗野、平賀(義美)、添田の五人はよく勉学に励み、米国留学の金子は政界で帝国憲法起草員の一人となり、団は三井鉱山の経営そして三井の大番頭として経済界で、栗野は外交官

として特に日露戦争時での活躍は有名である。英国留学の平賀は化学工業界で日本の工業近代化に貢献し、添田は財界の巨人と称されて多くの著書を残し、台湾銀行創設や日本興業銀行初代総裁など金融界で活躍したのであった。

この時期、金子堅太郎は一八八二（明治十五）年、帝国憲法案起草主任となり、八四年には伊藤博文の秘書官（太政官大書記官）となって、諸制度改革、各国憲法調査などに従事するなど多忙な身であったが、黒田家からは家憲の起草を命じられていた。

一八八四（明治十七）年十二月、家憲の草案が出来上がり、黒田長溥からは満足の意も伝えられたが、それとともに長溥より「目下、福岡県令と県会との衝突のために、県内の中学を全廃し、子弟の教育の途が絶えたる由なれば、この際、黒田家に於いて、旧藩時代の修猷館を再興して、中等教育を担当し、その経費も県会の決議に依らず、凡て当家に於いて一切支弁すべし」（『金子堅太郎自叙伝』）とのことで、福岡県令と協議するようにと命令を受けた。黒田家の修猷館再興の意思が明確になったのはこの時期である。藤雲館創立年の一八八一年とは大きくずれている。

幕末の藩主・黒田長溥。留学生の海外派遣を積極的に行い，開明的な藩主として知られる。肖像は，修猷館初代図画教師吉田嘉三郎の鉛筆画である（『修猷館百八十年史』より）

ただ金子の自叙伝中にある黒田長溥の「県内の中学を全廃し」云々はかなりオーバーな表現と言わざるを得ない。中学問題で県令と県会が対立し、紆余曲折のあったことは事実だが、中学が全廃されることはなかったからである。この点については『福岡県議会史』や近藤典二の『教師の誕生』に記されている。

黒田長溥の頭の中は、藤雲館のことよりも旧領福岡の新しい教育のことで一杯だったのである。藤雲館とは別の次元でまったく新しい福岡の中学教育の向上を目的にした修猷館再興を考えていたのである。

初め黒田長溥は私財十万円を出資し、その利息で校舎建設ならびに学校維持費のことを考えていたのである。黒田家の財政状況を調べた金子は十万円が無理であることを知り、四万五〇〇〇円を出資することにした。そこで文部卿大木喬任とも協議し、その利息の七％にあたる三一五〇円で学校経営が可能であることを知り、文部卿から学校経営の内諾を得たのであった。報告を受けた長溥は金子に即刻福岡に出張することを命じている。

金子は伊藤博文の許可を受け、年末年始の休暇を利用し、横浜から汽船を使って神戸経由で下関に至り、一八八五（明治十八）年一月一日、九州に入って宗像（むなかた）で宿泊している。福岡に到着したのは翌二日のことであった。翌三日の午前中には早速、黒田の別邸に旧藩時代の重臣たちを集め、新しい黒田家の家憲を提示して意見を求めるとともに、黒田家の私費でもって学校を建設することについて県令と協議することを報告した。午後には県庁で県令岸良（きしら）俊介（一八四四〜九四）と修猷館再興のことを協議し同意を得ている。

県令との協議前、金子の福岡到着を知った藤雲館関係者は面会を求めている。金子の自叙伝はその時の状況を次のように伝えている。

「是より先き、福岡士族の有志等は、藤雲館といふ私学校を設立して子弟の教育に従事せしが、今般修猷館再興の事を聞くや、余に面会して、その費用を藤雲館に流用し、同館を以て、今回黒田家設立の学校に転換せん事を要求す。然れども、是れ、老公の旨趣に反すれば、余はこれを拒絶したり」

これは厳しい言葉である。この記述からも理解できるように、黒田長溥・金子堅太郎の両人には財政状況の悪化した藤雲館にテコ入れし、修猷館を再興しようという気持ちなど毛頭なかったのである。一八八五年に県令と折衝のため来福していた金子は帝国憲法起草のさなかで、藤雲館にテコ入れする余裕などなかったのであり、長溥の意図は英学を重視して国家有為の人材育成を目的としており、従来の藤雲館の教育とは相容れないものであった。

しかし財政困難の同館関係者の懇願は強く、そこで金子は藤雲館の負債を黒田家で弁済し、代わりに藤雲館の土地と校舎・器具を譲り受けることにしたのであった。修猷館再興には藤雲館継承の意味合いなどまったくなく、負債にあえぐ同館の諸施設を買い取っただけと言える。藤雲館は財政破綻の寸前にあったのだ。

この点について金子は自叙伝で「その後有志者の懇願なりたれば、像〔したがっ〕て東京出発前に余に与えられたる全権に依り、藤雲館は廃止し、その負債は黒田家にて弁償し、その校舎を以て復興の修猷館に充つることに決定したり」とはっきり記している。

『修猷館再興録』（一八九四＝明治二十七）の記事では「遂に金千七百円を以て藤雲館の校舎並びに諸器械一切を買受くる事を決約せり　是に於いて県庁に請い藤雲館の校舎に就いてさらに修猷館を再興し　藤雲館は廃校に帰しぬ」とある。負債は一七〇〇円程度であったようだ。金子の自叙伝も『修猷館再興録』も「継承」でなく「廃止」あるいは「廃絶」という言葉を使っている。

新谷恭明『尋常中学校の成立』（九州大学出版会、一九九七）には「藤雲館も一時隆盛を極めたがやがて経営が行き詰まり、折しも英語専修学校設立の要請もあって一八八五（明治十八）年七月、金子堅太郎の仲介と黒田家の資金によって英語専修学校県立修猷館へと改組されている」との一文があるが、改組とは事実誤認も甚だしい。これでは県内にあった英語専修学校設立の要請に黒田家が応えたかのようにしか理解できない。要請の具体的内容も不明で、黒田家の主唱に依ったことは何も触れられていない。また、英語専修修猷館の設立は同年の五月である。実情は、黒田長溥の命令を受けた金子が来福して直接県令と折衝して創設されたもので、金子が在福したのは一月一日から二十日までであり、短期間の間に県令との間に合意をみたのであった。

5　藤雲館教育の実情

四年間続いた藤雲館について、『福岡県教育百年史』第一巻収載の学事統計表によると、当初の一八八一（明治十四）年は教員数七名、生徒数二百名で出発するが、翌年は教員を五名増やして十二、生徒数は百名増加して三百となる。明治十六年度の学事統計表では、学科として法律・文学・数学・英語を教授し、修学期間三年、教員数九名、生徒数四一〇名を挙げ、生徒数は前年比一一〇名増加となり、その盛大ぶりを伝えているが、この統計表では教員数は二名減となっており、気にかかるところである。

明治十七年度の統計表は、前年の統計表とまったく同じ数字を並べるだけで、何の変化もない。変化と言えばそれまでの統計表に出ていた授業日数の項目が無くなっていることである。数字に躍動的変化が見られなくなったこと、統計表から授業日数が削除されていることなどから推測すると、どうも十六年度から学校財政に陰りが出ているようだ。

一八八四（明治十七）年には文部省書記官佐沢太郎による福岡県の学事巡視が行われるが、その「報告書」には次のように記されている。「藤雲館〔中略〕教科ハ法律学及英学ニシテ傍ラ漢籍ヲ授クルモノタリ　法律学ノ教授ハ見ルヲ得サリシカト　英学及漢学ノ授業ヲ見ルニ甚タ不完全ニシテ　生徒ノ数モ誠ニ寥々タリ　其校舎ノ広壮ナルハ県立ノ学校ニ譲ラヌ　一時ハ随分盛大ナリシカ　今日ハ衰微ニ属シ　殆ト維持ニ困メリト云フ」（『福岡県教育百年史』第一巻）とある。非常に厳しい内容の報告書である。藤雲館の財政困窮とあいまって学校運営の凋落ぶりも窺える。

当時の藤雲館の教授陣や学生の姓名は詳らかにできないが、県の明治十六年度統計表にある教員数の減少は、生徒数の増加にもかかわらず財政状況が悪化傾向にあったことを示している。この時に右記のような文部省役人による厳しい学事巡視報告書が出されているのである。

旧藩主黒田家の恩恵によって学校経営をスタートさせ、一時は生徒数四百名を超える大きな学校になっていたが、それは一時的ブームとも言うべきものであった。報告書に見える「生徒ノ数モ誠ニ寥々タリ」の文言は、生徒数は多くても授業内容の希薄さによる生徒たちのサボタージュ行為と考えられる。開校時から心もとなかった財政も、生徒数は増えても教員数は縮小することとなり、黒田家の資金頼みで「スタートさえすればあとは何とかなる」の放漫経営はその後有力な財政支援者も得られず、学校経営の困難さはいかんともしがたいものになっていた。

そして金子の来福に最後の望みをかけたものの、その教育内容は黒田長溥の企図する学校像と一致するものでなかったため、旧藩主からの支援は完全に断ち切られてしまったのであった。負債を黒田家に弁済してもらうことによって、藤雲館は四年にして廃校せざるを得なかった。藤雲館側も校舎、敷地を黒田家に引き渡したことによって従来通りの学校経営が無理であることを了解したのであろう。一八八五（明治十八）年一月九日から四日連続で「福岡日日新聞」に次のような広告を載せている。

広　告
本月十二日開館式執行ノ旨　曽テ広告致置キ候処　右ハ都合ニ依リ当分延シ候也

福岡区天神ノ丁　　　　　　　　　　藤　雲　館

次いで同紙一月二十日には「福岡県県立英語学校設立の計画」の記事を載せているが、内容についてはまったく触れず、金子と県令との間で英語学校設立の話し合いが持たれ、学校名が修猷館になることだけが記されている。二十五日になって「藤雲館は今夏旧福岡藩主黒田家に於て永遠の法を定め英語専修黌と改正する筈の趣なり」と報じ、藤雲館はその期間中休業することも記されている。

藤雲館も従来どおりの学校として存続できなくなったことを理解し始めたようで、一月二十七日から二月三日まで八日間連続で次のような広告を出している（ただし二月二日はマイクロフィルムの欠落のため確認していない）。

広　告

本館今般旧藩主黒田家ニ於テ　永続ノ法ヲ定メ英語専修黌ト改正致ス筈ニツキ　右準備中休業候事

明治十八年一月　　　　　　　　　　藤　雲　館

学校を手放した藤雲館側は今後の方針を打ち立てることができず、経営の中心となった旧家臣たちは英語専修の学校であることを知り、その後の方策を見失ってしまっている。藤雲館教育継承という期待感は完全に無くなり、このような広告を連日出すことになったと判断される。

藤雲館の授業は一月になって一日も行われず、このような事情から県の統計表に授業日数が記されなくなったのである。上記史料中の「右準備中休業候事」の文言は英語専修修猷館誕生まで授業は行わないとの通告であるが、実情は廃校通告と言うべきであろう。

藤雲館による学校教育放棄である。突然、学校を失った生徒たちはどうなったのか。修猷館再興は黒田家から委託された県の主導で行われ、藤雲館が関与する余地はなかった。藤雲館が新しい英語専修修猷館に吸収された形跡もまったくない。

6　洋学奨励策の成果としての修猷館誕生

修業年限三年の藤雲館が卒業生を出したのは、一八八四（明治十七）年のただ一回だけであった。果たして何人卒業したものやら詳細は不明である。日露戦争後のポーツマス講和会議で小村寿太郎の片腕となった山座円次郎は藤雲館に在籍していたが、八三年に上京して寺尾寿（ひさし）（一八五五〜一九二三）宅の書生となっており、全課程の卒業生ではない。

藤雲館の後に新しく誕生した英語専修修猷館は少数精鋭主義をとり、入試結果の合格者は五十四名に過ぎなかった。四百人になんなんとする藤雲館の学生たちはどこに行ったものやら、まったくひどい話と言わざるを得ない。

歴史研究者の間では、向陽義塾から発展した藤雲館が現在の修猷館の素地を作ったと理解されているようだが、藤雲館の実態を検証することなく、ただ黒田家の資金援助を受けた学校であることを拠り所にした牽強付会の俗説としか言いようがない。水野によって提唱された俗説が一世紀以上にわたり伝わっているのである。

地元では封建社会以来の藩主尊崇の思想が残存し、「黒田の殿様の学校」という意識があったに違いないが、史実を重視すると、玄洋社史研究の水野元直と金子堅太郎の見解の相違だけでは片づけられない問題である。不名誉な学校倒産の危機段階にまで立ち至った負債を、黒田家の再度の援助で解消した上、苦心して経営してきた学校の校舎・器具を他人の手に渡すことなく修猷館に引き継いでもらったことに地元の人々は感激したであろうが、水野元直は修猷館再興を藤雲館の継承と勝手に理解しているようだ。

黒田長溥と金子堅太郎は、従来の藤雲館とは別の学校創立の構想を持っていたのである。その後、再興された修猷館の学校内容は藤雲館とまったく異なっていた。「変則法律専門学校藤雲館」時代の継承と思われる内容はどこにもない。わずかに再興された英語専修修猷館の教科書一覧表の中に、藤雲館でも使用されていた英語の『ウィルソン氏読本』一冊を見るのみである。法律関係の教科書にいたっては何も見られない。

藤雲館と同じと言えるのは、学校所在地が天神町の元藤雲館跡であり、校舎・器具類がかつて藤雲館で使用されたものであったことだけである。藤雲館の施設を黒田家が買い受け、そこに新しい英語専修修猷館を創立したと言った方が妥当である。旧藩士たちの意向によって英語専修修猷館が創立された形跡はどこにも見当たらない。

強いて藤雲館を〝修猷館の前身〟と主張できるのは、英語専修修猷館創立当初の校舎・器具・校地のみであり、学校の運営組織、教科内容は何も受け継いでいない。初代修猷館長隈本有尚（くまもとありたか）（一八六〇〜一九四三）の教育方針は、筑後の宮本洋学校をモデルにしたものである。教育内容、学生の質もまったく一変したのであった。

隈本有尚は『宮本中学校思出の記』（末永惣太郎編集兼発行、一九四一）の中で次のような一文を記している。

「黒田老公出資の下に県立修猷館の試設が行はれ、筆者はその館長をして外人教師なしに能く宮本式を発揮し、聊か以てその価値多く且久しきに耐へるの事実を明にするのであった。この館は二十一年九月、別に故あって、五箇年制に革まり一義に於て宮本式の延長ともなった」

ここに出てくる「宮本式」とは三県時代の三潴県の宮本洋学校のことで、ここで隈本は英学を学んでおり、この宮本洋学校の教育方式を英語専修修猷館に導入し、尋常中学校に移行した後も全国でただ一つ、一九〇〇（明治三十三）年まで原書教科書を使用して正則英語で授業したことを指している。詳しい内容は次章で述べることにする。

したがって、藤雲館を修猷館の前身とする説は、俗説となり得ても真説とはなり得ないのである。黒田長溥と金子堅太郎が目指したのは、あくまでも旧藩校修猷館時代の英語教育を一新した英語専修修猷館であり、金子自身はアメリカ留学中に儒学の書物を一切携行せず、英学習得に専心している。その学習経歴からしても藤雲館教育を継承する意思などまったくなかったと言える。これらのことを勘案すると、藤雲館を現在の修猷館の前身とすることに私は賛成できない。

むしろ旧藩時代に、黒田長溥が洋学を奨励して八人の海外留学生を派遣するという開明的政策を実施し、廃藩置県以降は私費でもって独自の留学政策を実施し、やがて令孫長成をケンブリッジ大学に留学させるという一連の成果の結果として英語専修修猷館が誕生したのであった。

第四章　英語専修修猷館の興亡

1　国家有為の人材育成を

夏目漱石の『坊っちゃん』を知らない人はまずいないはずだが、その中に出てくる数学教師「山嵐」のモデルは誰か。旧来は彼の松山中学時代の同僚数学教師をこれにあてる説が有力だったが、河西善治の『坊っちゃんとシュタイナー――隈本有尚とその時代』（パル出版、二〇〇〇）が出版されて以来、隈本有尚をもって山嵐のモデルとする説が俄然有力となってきたようである。

漱石は東京の成立学舎から大学予備門に進学するが、大学卒業後この成立学舎、大学予備門で隈本は漱石に数学を教えていたのであった。両学校における隈本の数学授業はすべて英語で行っている。英語専修修猷館では授業のすべての学科で原書教科書を用い、教師は英語で口述したが、隈本は学問習得において英語の講義を絶対的に信奉していた。この特異な教育者隈本が『坊っちゃん』に出てくる数学教師「山嵐」のモデルであることが河西の著書で紹介されてから、インターネット上に隈本に関する記事が非常に多くなってきた。ここではこの隈本有尚の初代館長としての奮闘ぶりについて記してみたい。

明治十年代の中学校をめぐる県令と県会の紛糾については前章で述べたが、福岡の中学教育の混乱状況の中から、国家の必要とする有能な人材育成は望むべくもない、との危機感が黒田長溥にはあった。そこで彼は、私財でもって国家有為の人材育成を目的とする学校創立を企図したのである。一方、県としても公費をまったく出費せずして学校建設ができるわけであり、黒田家の申し出に異存のあるはずもなかった。この時金子は、学校建設資金の原資四万五〇〇〇円を持参していたので、早速県庁へ付託を申し入れるのだが、県令は受け取らず、毎年の利息を寄付することにした。

ところで、長溥はなぜ、中学でなく三年制の英語専修専門学校を創立することにしたのだろうか。その背景として、幕末以来欧米に派遣した留学生たちが政府の要路で活躍するようになり、中でも金子堅太郎は、一八八〇（明治十三）年に元老院大書記官から翌々年には憲法調査の制度取り調べ局員に昇進し、やがて憲法起草員にまで抜擢されていたことから、長溥にとっては、海外留学生派遣によって得られた知識が大いに役立っているのを実感していたことは間違いない。

混乱続きの福岡県の中学状況であったが、完全に消滅することなく幾つかの学校は残っていた。長溥は、新しい学校は本格的人材育成、すなわち国家有為の人材育成を目的とするものでなくてはならない、との信念を持っていた。それは、幕末の開国によって、今後の見通しとして洋学は従来の蘭学重視から英学重視でなくてはならない、との必要性を察知していたことによるものであった。英語が世界共通語になると認識していたのである。

隈本有尚

彼が洋学を重視して幕末から欧米各国へ留学生を派遣していたことは先に述べたが、その結果、世界の趨勢として英語を最も重視すべきとの結論に立ち至ったものと思われる。まず一八七八（明治十一）年、東京大学を卒業した石松決（のちの平賀義美）を英国に留学させ、マンチェスター大学で学ばせている。帰国後、平賀は日本化学工業界をリードすることになる。

このような状況の中で、令孫長成をケンブリッジ大学に留学させ、同時に石橋達と添田寿一を同行留学させたのであった。長溥が再興修猷館を英語専修専門学校とした大きなきっかけは、長成の留学にあったと考えられる。

2　英語主眼の開講準備

黒田家による学校建設を承諾した県は、早速開校準備を進める。英語専修修猷館を七月一日から開館することを五月三十日に告示し、修猷館規則を制定して郡区役所に配布する。現在の修猷館はこの告示日をもって学校創立記念日にしている。

規則書によると、第一条に「本館ハ専ラ英語ヲ授クル処ニシテ　他ノ高等専門学校ニ入ルカ為メ必須ノ学科ヲ授ク」と謳い、「福岡日日新聞」では生徒定員二一〇名、修学年限六級制三カ年とし、各級六カ月ごとの試験で進級させることにしている。生徒定員は二一〇名、教職員は館長一名、書記二名、教員は定数無しとなっているが、一学年の定員は七十名であったらしい。四百名を誇った藤雲館からすると、生徒数も教員数も非常に少ない。

学校種別では尋常中学教育的な役割を担いながら、三カ年修業の専門学校として取り扱われており、五年制中学校ではなかった。そして七月に隈本有尚を修猷館長兼一等教諭として任命している。

開校の準備は着々と進められていった。履歴書によると、この隈本の月俸は八十円。その前年に勤務していた大学予備門での月俸は三十円であり、非常な高額でもって迎えられている。一九一〇（明治四十三）年八月の「福岡日日新聞」連載記事「館長難（三）」では、同時期の福岡師範学校長は月俸七十円、福岡中学校長は二十五円というから、きわめて破格の待遇であったことが分かる。

隈本は久留米出身で、一八七一（明治四）年十一歳で藩の洋学校好生館に入学する。廃藩置県によって誕生した久留米・三池・柳川の三県はさらに統合させられて三潴県が成立し、好生館は柳川洋学校と合併して宮本洋学校となった。隈本はここで英人ジョージ・オーエンから幾何学と代数学を学ぶが、たちまち頭角を現し、学生でありながら十四歳で月俸六円の三等助教に登用される。助教として一日一、二時間下級生を指導しながら、三、四時間はオーエンから英学を学んでいる。ただし一八七四年二月、佐賀の乱で学校が閉鎖となり、彼の宮本洋学校在学は短期間で終わった。

そして翌一八七五年、上京して東京英学校に入学するが、同校はその翌年、東京開成英学校となる。さらに隈本は七八（明治十一）年、東京大学理学部（数学・物理・星学）に入学する。四年生になった八一年、アメリカ留学から帰ってきていた団琢磨が星学科助教授に就任した。団と隈本の年齢差はわずか二歳であり、ほぼ同年代での師弟関係であった。しかもこの時の星学科の学生は隈本一人のみであった。また団は金子堅太郎と一緒にアメリカに留学した間柄であった。

このような関係に着目して川添昭二は、隈本の修猷館長就任は団の推薦によるものかと推測している（『日本歴史』一九三号、一九六四）が、前述の「福岡日日新聞」の記事「館長難（三）」では「隈本氏を黒田家に推薦したのは寺尾寿博士だったということだが」と記者の斎田耕陽は記している。

寺尾寿は福岡藩士の子弟に生まれたが、黒田家とは別ルートで東京に遊学し、一八七八（明治十一）年、東京大学理学部物理学科第一回卒業生となっている。翌年、官費でパリ大学に留学して星学を専攻。帰国後、講師を経て一八八四（明治十七）年から教授となって星学を担当していた。この年隈本は、星学教場補助となっている。寺尾は「由来福岡は文学趣味の学者は出たが、理学数学的の人士を多く出して居ないと云ふので、その地方的欠陥を補ふ為に特に其の方面に長所を有している人として同氏を推した」と新聞は記している。

なお、隈本有尚について「ありなお」、「ゆうしょう」と読まれることが多いが、自筆履歴書には「ありたか」となっている。

3　入学業務と開講式

七月に入り英語専修修猷館の業務は本格化するが、その再興修猷館に待ち受けていたのは生徒定員の確保であった。すべての教科が原書を用いて正則英語で授業されることに恐怖感もあったのだろうか、「福岡日日新聞」によると、定員七十名の募集に対して八月十五日の締め切り日の出願者は五十余名に過ぎなかったという。この時の受験合格者で第一回卒業生となった杉山良俊は「入学試験の結果許可されたもの十七名なりしが」（『同窓会雑誌』五十九号）と追想している。ただ当初の入学規則では、府県立初等中学校卒業ならびにこれに準じた学科を卒業した者は試験を経ずに入学できることになっていた。ただし、入学は許可されても高等小学校からの合格者と同様に初級から修学することが義務付けられていた。

このようにして生徒の確保にあたったのだが、それでも定員を確保することができず、八月下旬には、九月十日の開講式後の十三・十四・十五日にさらに追加の入学試験を実施することを決定している。当初の入学試験について杉山は、「科目は国語、漢文と数学にして、国語・漢文では作文と唐宋八大家文か孟子の訓点、数学は算術で分数雑題なりしと記憶しています」と書いている。

九月十日の開講式はきわめて盛大なものであった。黒田家旧家臣、福岡区長や筑前地区各郡長、県からは県令代理として大書記官、収税長ならびに各課長。そして学務課員はすべて出席していた。その日隈本館長は、訓示の中で次のような抱負を語っている（『修猷館再興録』）。

「今茲に入学の考試を完うし　或は早に初等中学の課程を卒へたるを以て　此館に生徒たるもの四十有三名あり　彼等は実に筑前士人の子弟中首先（ママ）として此館に入るものにして　即ち取りも直ほさず筑前年少の秀才を代表するものなり〈略〉　是故に有尚等切に望む　生徒諸子　今日此館の授る所を以て満足せす　他日更に専門の学芸を修め　各個の業務に就き　以て国家の為に尽すあれ　是れ実に諸子か此館の保主黒田君の意に副ふ所以にして　即ち今日享受する所の栄誉を完うする所以なり」

ここには、黒田長溥の国家有為の人材を育成せんとする意図と隈本の修猷館教育にかける意気込みが示されている。ただ英語を習得するだけでなく、上級学校に進学して専門の学問を学び、国家有為の人材となることを求めているのである。

余談になるが、この時の隈本の訓示ぶりと服装は式典参加者の耳目を引いた。東京大学出身者としての学歴はもとより、新知識者としての堂々たる弁舌態度に加えて、シルクハットに燕尾服といった式服はその頃の福岡の街で初めてのものであった。紋付に羽織、袴を式服とする時代である。県の役人たちもせいぜい背広・洋服着用程度なのだから、生徒たちに対しては、その訓示内容、隈本の燕尾服は、福岡の街に新時代の到来を思わせたに違いない。

4　英語重視の特異な学校

英語専修という名称からして英語を重視した学校であることは了解できるが、修猷館の場合はその教授方式が特異であった。前記の杉山良俊は最初の入学許可者について、「何かの都合にて再入学試験を断行せられ、其結果第一回入学許可せられたるものは総計五十四名となれり」と述べている。このあたりの事情は前項で述べたが、やっとの努力で定員を満たしたものの、この中にかつての藤雲館からの入学者がどれほど居たかは不明である。藤雲館は完全に廃絶したようだ。

式典で黒田長溥の祝辞を代読したのは、旧藩時代の家臣の一人、諏訪楯本（すわたてもと）（団琢磨の実兄、一八四二〜一九〇〇）であったが、その内容の一部を紹介する（『修猷館再興録』）。

「明治十八年余大ニ見ル所アリテ若干ノ資金ヲ福岡県庁ニ寄付シ旧福岡藩人民ノ子弟ニ英語ヲ専修セシムル学校ヲ設ケンコトヲ依頼セリ〔略〕余カ祖先曽テ　儒学ヲ以テ旧臣ノ子弟ヲ修猷館ニ教育セシカ〔略〕然ルニ今般英学専修ノ学校ヲ設立スルニ遭ヒ　祖先ノ遺志ヲ継キ〔略〕之ヲ命名シテ修猷館ト云フ〔略〕故ニ其教科ノ如キモ専ラニ普通ノ英学ヲ教授シ　士農工商ヲ問ハス一般人民ニ適切ナルモノヲ修習セシメ　以テ筑前四民ノ智識ヲ発達シ国家開明ノ基本ヲ立シメント欲ス」

ここに黒田長溥の学校設立の意図が示されている。彼にとって最初の本格的な英学校の開設であった。一八七七（明治十）年の東京大学開設以来、大学ではお雇い外国人教師はもとより、日本人教師も英語で講義しており、かつて蘭癖大名と称されて蘭学に明るかった黒田長溥は、英学への転換を決意したのである。東京大学での英語講義は一八八三年から日本語講義に転換したが、長溥の決意は固く、あえて正則英語授業を採用したのであった。福岡の地で国家に役立つ人材を育成するには、士農工商を問わず英学教育しかない、との固い信念が示されている。

かつて四百名以上を収容したこともある藤雲館と比べると、開館当時の修猷館生徒はわずかなものであった。広々とした校舎でその生徒を待ち受けていたのは、過酷なカリキュラムの授業であった。隈本は少数精鋭主義のスパルタ教育を実施していく。開校二年後の入学試験は初回の比でなかった。一八八七（明治二十）年入学の尾形次郎は次のように語っている。

「私は県立福岡中学から修猷館に転校したのです。〔中略〕入学試験が非常にむつかしくて、私は転校といえども、他の新入生と共に入学試験を受けたのです。受験生は確か三百名ばかりあったのですが、其中三名合格したのです、処が第一学年に二十七名の落第生が停頓しているので、それらの者と共に学んだのです」（『修猷』第五十七号〔創立五十周年記念号、一九三五〕より）

合格者のあまりの少なさに、この年は三名とは別に二十七名の補充生を合格させている。ただしこの補充生たちは予備科の生徒として入学させられ、一年後の成績次第で本科一年生に編入するものであった。一年前倒しの入学試験であった。制度として存在していなかった補充科は、翌年、県の告示によって正式に認められることになった。補充科の設置は翌年度の一年生確保の苦肉の策であった。

のちに「福岡日日新聞」にて「多加羅」のペンネームで健筆を振るった斎田耕陽は、補充生の一人として合格している。彼は、出願者三百名程の中から二十七名合格したと述べている。これらを見ると、英学志望者は多かったが、合格は至難の技であったようだ。入学してからの授業はさらに過酷であった。

斎田耕陽は、大正四（一九一五）年の『福岡県立中学修猷館一覧』所収の卒業生名簿では氏名が見られず、一九五七（昭和三十二）年の同窓会名簿では「中退」となっている。中退の事情は不明だが、現代では考えられないような入学・卒業困難校だったことが分かる。国家有為な人材育成を目的にしたことが、このような学校を出現させたと考えられる。

5　徹底したスパルタ教育

修猷館規則第一条には「本館ハ専ラ英語ヲ授クル処ニシテ　他ノ高等専門学校ニ入ルカタメ必須ノ学科ヲ授ク」と記している。極力優秀な生徒を確保するため、飛びぬけて成績優終な生徒を育成しようと徹底したスパルタ教育を実施していた。

初代館長隈本有尚は、自己の才能を基準とした生徒教育を目標としていた。開校三年目の県学事統計表によると、生徒数は一年級五十九、二年級二十四、三年級十、合計九十三となっており、学年の進級ごとに生徒数は減少している。翌年はさらに一年級二十三、二年級三十一、三年級二十三、合計七十七とますます生徒総数が減少している。学年進行ごとの落第生・退学生の増加などで、生徒数は定員の四割程しか収容していなかったのである。

隈本は、普通の中学では五年間で習得する教科内容を三年間で、しかも英語の教科書を使って習得させるという高度な学習生活を求めていたのである。

杉山の回想では、開校当初の教職員は、館長隈本有尚（数学）、教員神崎直三（英語）、同宮井虎三郎（英語）、それに書記の小林新三郎も英習字を教えていたという。館長隈本の履歴は先に述べたが、神崎については不明である。

宮井虎三郎については、「福岡日日新聞」一八八五（明治十八）年三月二十八日付でその著書が紹介されている。この時彼は、前原中学（一八八一～八五年の四年間存続）三等教諭で、『誘英論』という著書を出版している。その論旨は「純粋のブリテンイングリッシュをもって日本語とすべし」とするもので、森有礼流の国語変更論者であった。英語専修修猷館が設立されると、英語教員として宮井は採用されている。ただ在任期間は一年限りで、彼の後任として赴任したのが、やがて修猷館の名物教諭となる平山虎雄であった。その後宮井は、一八九七（明治三十）年から一九〇〇年まで雇教員も務めている。

明治20年代の英文原書教科書（修猷館図書館蔵）

平山は一八七九（明治十二）年東京大学予備門に入学したが、最終学年の八三年一月、家庭の事情で中退せざるを得なかった。予備門ではアマースト大学に八年間留学し、英語教育界の第一人者であった神田乃武（かんだないぶ）（一八五七～一九二三）に正則英語を学んでいた。また金子堅太郎家で書生として訓育も受けていたという。

平山は英語教師として優れていたようである。主として低学年を担当していたようだが、英語の発音、綴り字には厳しかったという。

一八九七（明治三十）年、第五高等学校の教授であった夏目漱石は佐賀中、修猷館、明善黌、伝習館の英語授業を参観しているが、特に修猷館では三人の教諭の授業を観て、西洋人を使用しない学校でこのように正則的に授業をするところは稀であり、その功績も頗る顕著であると信ずる、と激賞している。漱石は平山の二年生の授業も観ているが、綴り字と発音を重視してまず自ら模範を示し、そして訳読に移り、これを成績上位の生徒に学習させ、続いて下位の生徒たちに復習させている。しかも発音、訳読ともに厳格で少しの瑕疵も許さない、とその授業方法を褒めている。

難関を突破してきた生徒たちとはいえ、アルファベットもあまり知らぬ彼らは、このような教師陣の中で歴史、数学、物理に至るまですべて英文の原書教科書を与えられたのである。

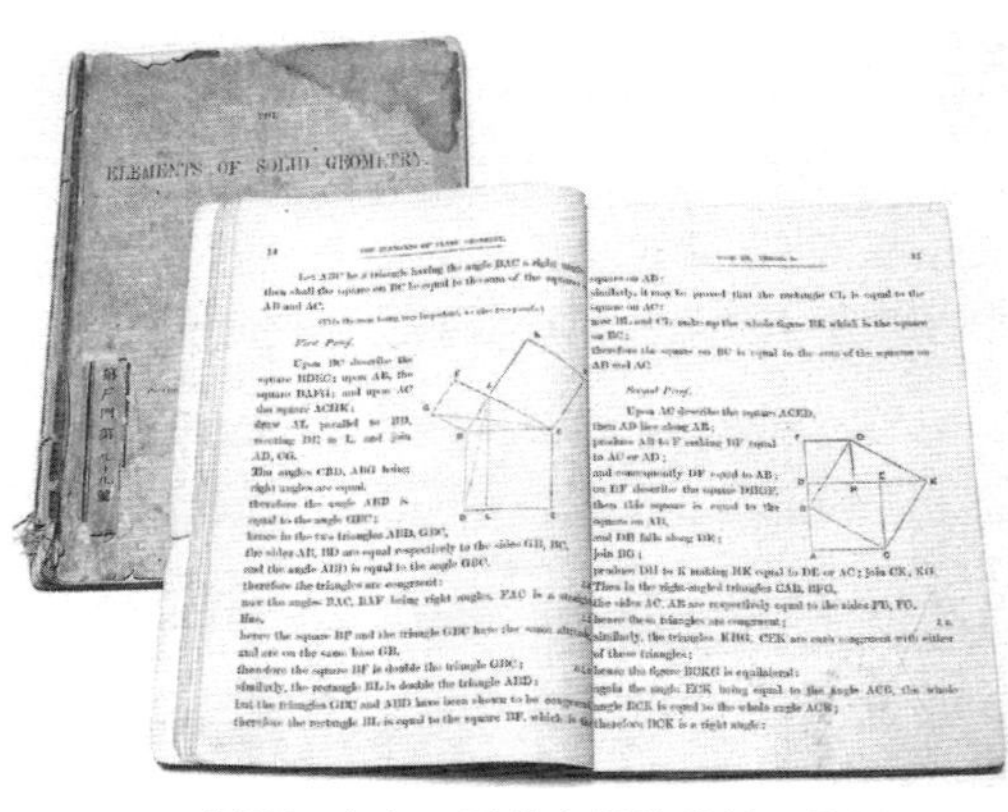

1891（明治24）年，尋常中学修猷館で使用されていた数学教科書。英文で著されている。編纂者は明治時代の数学者として知られる東京帝国大学の菊池大麓（『図録 修猷館』より）

ところで、アルファベットも十分理解していない生徒たちに英語の原書で、しかも日本語をほとんど使わない正則英語で授業をするのだから、落第生の多いことは最初から予見されたことである。

しかし英語専修を掲げる修猷館は、正則英語の授業を採用したのであった。黒田長溥と金子堅太郎の意向によるものであろうが、隈本有尚も積極的であった。

久留米藩の洋学校好生館から宮本洋学校に入学して以来、英語による学習を身につけた隈本は、英語による授業と学習を学問の王道と考えていたようだ。隈本の教育方式の源流は筑後の宮本洋学校にあったことは先に触れたが、藤雲館の教育方針や内容とはまったく異なっていた。

この厳しいスパルタ授業は生徒を苦しめ、五十余名いた第一回入学生でその三年後に卒業できたのはわずか四名にしか過ぎない。卒業率は一割にも満たなかった。杉山は「英語を以て数学の原理を説かれ、英語は直ちにウィルソンリーダーの読み方や暗誦を課され、生徒としてはなかなか骨が折れたものでした」と述べている。明治時代の学校では落第生が多かったことはよく知られているが、英語専修修猷館ほど厳しい学校は少ないだろう。

先に紹介した「福岡日日新聞」の記者斎田耕陽は、入学してみると各学年の日課表はすべて生徒控室に英語で掲示され、生徒の教師への返事もいつの間にか「ヒヤサー」、「アブセントサー」に訂正され、数学も初めの間だけ述語を覚えるために筆記口授であったが、間もなく英語で行われるようになり、他の歴史も地理も本科の一年生からまったく英語のみで行われたという。数学などは五位、六位の数字を列記されるとその読み方ができなかったし、試験問題も英語で出され、答案も英語で出さなければならなかった、と述べている。

そのため休憩時間に遊ぶということなどなく、教科書を持って校庭内を歩きながら数学の定義あるいは会話の文句を暗唱し、まれに英会話を交えている者も見られたという。このような学校生活は、現代的見方によっては「落第生作りの生徒いじめ」の教育の感を抱かせるかもしれない。

斎田耕陽は隈本の教育を「全く威圧教育であったのである」と極言している。そして「温情を以て子弟を薫陶する事などは由来其方針中にないことで、亦同氏の柄として出来ないことであつたらう」、「氏は実に教育者として子弟を訓育すると云ふ態度に出でず、学者として大学の学生に教授する底（ママ）の態度を執つて居たのである。教育本位でなく教授本位で、人物本位でなく学術本位であったのである」、「教員と生徒……と云ふより寧ろ大人と青年の睨み合い的学術研究場なる者、是当時の修猷館であったのである」（以上、「福岡日日新聞」明治四十四年八月十二日）と隈本批判を紙上に展開している。斎田は中途退学とはいえ、英語専修修猷館に在籍しており、その批判には耳を傾けさせるものがある。

6　文部省の介入と英語専修修猷館の終焉

開校から三年目に入った一八八七(明治二十)年一月、文部大臣森有礼の修猷館視察があった。八五年に内閣制度が施行され、森は初代文部大臣となっていた。彼は統一的国家主義教育を推し進め、英語専修修猷館のカリキュラムにもメスを入れる。

文部省はその前年、学校令を発し、帝国大学令、師範学校令、小学校令(義務教育を標榜)、中学校令を相次いで出している。各地の学校を統一的にこれに基づく学校にしていったが、英語専修修猷館はどれにも該当しない学校になった。そして、中学校は原則として各県一校としたのであった。

それまでの英語専修修猷館は、他の高等専門学校入試に必要な教科を英語で教える予備校的性格を持った特殊な専門学校であった。教科も英語、万国史、算術、代数、幾何、物理に歩兵操練を加えただけであって、新しく制定された学校令にそぐわないものだった。

森文相は修猷館の教科内容を中学校令に見合ったものに改編することを求めたのである。つまり英語専修でなく学校令に基づく中学校の体裁になることを指示したのだった。

県は二月以降、県内中学校ならびに修猷館の規則改定に取りかかり、二月に福岡県尋常中学校規則制定、三月に尋常中学校職員月俸制定、五月に尋常中学校職員職制制定、六月に県立修猷館職員職制・月俸額制定を行っている。同月十七日には新しく県立修猷館規則も制定した。新しい規則には、それまでなかった倫理、国語及び漢文、文法、地理、中国史、日本歴史などが加わり、森文相流の国家主義教育への転換を始めたのである。

森文相の勧告、それに続く尋常中学への移行措置が行われているさなかの一八八七（明治二十）年三月の夜半、失火により校舎が全焼する。開校後二年足らずで校舎全焼である。そのため元警固小学校跡を借用して仮校舎とし、職員室と事務室は近くの柳原（現在警固町）の町家に置き、教具は福岡尋常中学、師範学校、農学校から借りて一時期をしのがねばならなかった。教師は町家の職員室と仮校舎との間を往復することになってしまった。

文相森は修猷館の教科課程を中学校令に基づくものに改めることを勧告していたが、中学ではない専門学校扱いであったため、県は移行措置として、それまでの進級方法も、従来の六級（六段階）三年制から一年ごとの三年制に改めていった。そして学校の格付けは専門学校のままにしていた。

この中学体制への移行措置により、それまで履修科目とされていなかった博物、習字、図画が新しい科目として加わっている。ただし黒田家出資の県立学校という性格から黒田家の意向は残され、新しい修猷館規則の第二条に「明治十九年文部省令第十四号尋常中学校ノ学科及其程度ニ拠ルト雖モ英語数学ヲ以テ殊ニ主眼トス」の条文を盛り込んでいる。中学校令によるとしながらも、黒田家の英語重視の方針を「殊ニ」の語句を挿入して堅持し、三年制の専門学校とすることを文部省に認めさせたのである。修猷館は「学校経費は寄付させてもらいますが、黒田家の主張も言わせてもらいます」の立場をとっている。

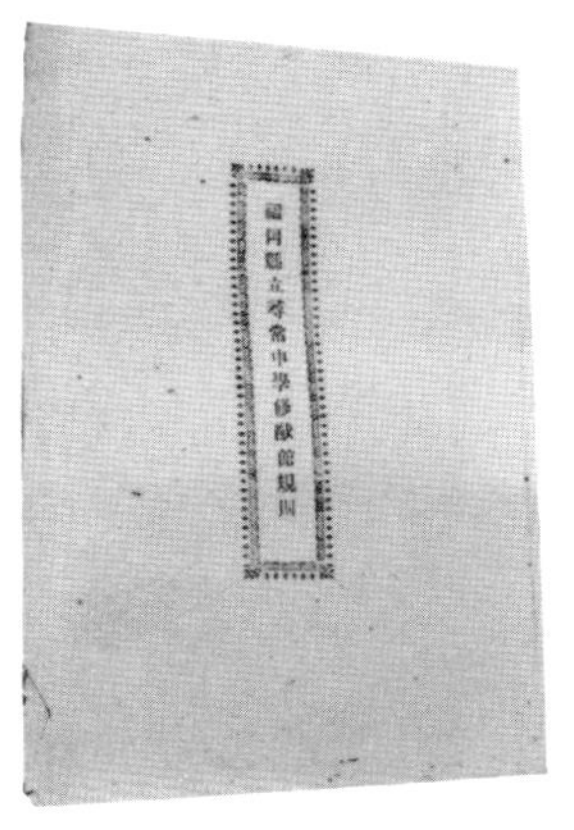

1889（明治22）年の福岡県立尋常中学修猷館規則（『修猷館百八十年史』より）

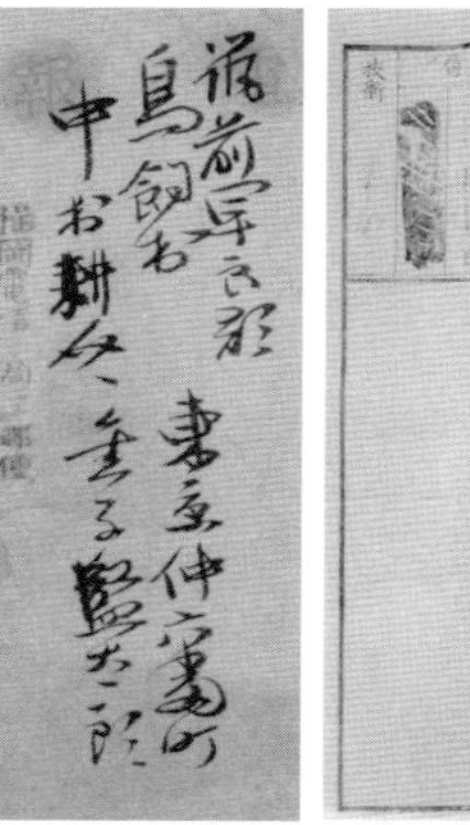
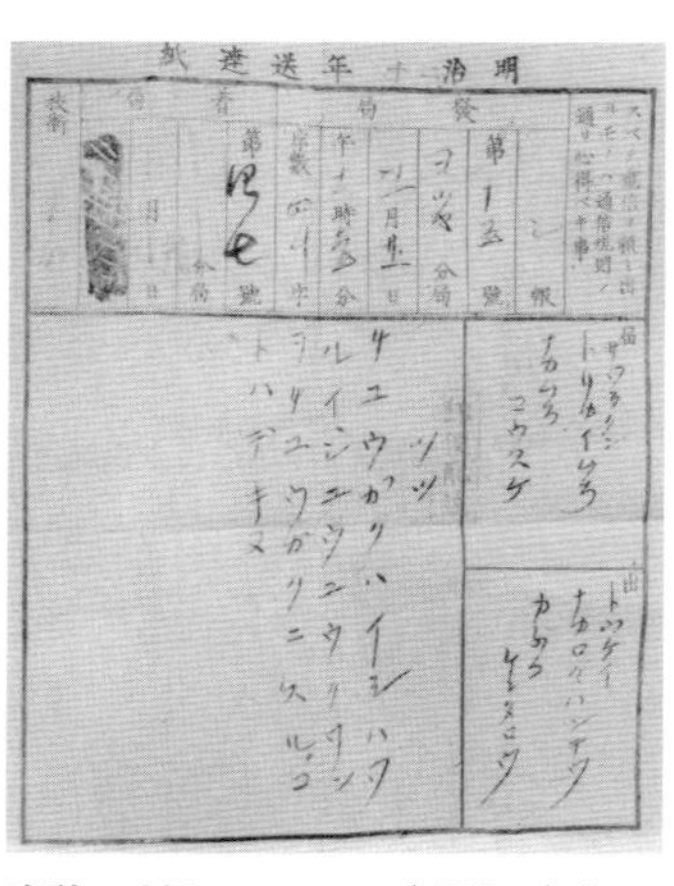
県会の中学校全廃論に対して，1887（明治20）年金子堅太郎は「中学廃止は悪い。修猷館を中学にすることはできぬ」と県会議長中村耕介宛に封書と電報を送っている（『修猷館百八十年史』より）

ところで、当時の県会は相変わらず中学校問題で県令と衝突状態にあった。一八八六（明治十九）年四月、中学校令が公布され、県費支弁の中学校は一県一校とされたことから、県内の中学のほとんどが淘汰されることになる。県は福岡尋常中学のみを県費支弁の学校とする方針を固めるが、豊前・筑後地区の議員は猛反発することになる。

翌年になると県内公立中学全廃の動きも現れ、英語専修修猷館の立場は微妙になってくる。これを知った金子堅太郎は十一月二十一日に反対の意向を表明して、県会議長中村耕介宛に次のような電文を打っている。

「チュウガクハイシハワルイ　シュウユウクワンヲチュウガクニスルコトハデキヌ」

金子は専門学校としての修猷館存続を望んでいたことが理解できる。しかし県費でもって福岡尋常中学を維持することに反対する議員たちは、福岡尋常中学と英語専修修猷館を合併させようと目論んでいたのであった。結局、一八八七（明治二十）年十二月の通常県会で「尋常中学校費原案」を否決し、福岡尋常中学（福岡区大名町堀端）を翌年三月限りで廃校とすることを決議した。金子の要望は県会で受け入れられなかったのである。

そこで県は福岡尋常中学と英語専修修猷館を合併させ、福岡県立尋常中学修猷館を一八八九（明治二十二）年度から発足させることにした。英語専修修猷館の終焉である。したがって英語専修修猷館が卒業生を出したのは八八年の四名のみであった。三年制の専門学校は五年制の尋常中学校になることを余儀なくされたのである。そのため翌八九年は卒業生のいない年になっている。

一八八九（明治二十二）年三月には新しく「福岡県立尋常中学修猷館規則」が制定された。この規則からは、かつてあった「英語及数学ヲ以テ殊ニ主眼トス」の条文が削除されている。

これは館長隈本にとって当初理想としていた教育方針の大きな変更であり、エリート教育を目指していた隈本自身としては受け入れがたいものであった。厳選された限られた学生にスパルタ教育を施すという学校方針は、森有礼の統一的国家教育の方針のもとで維持できなくなったのである。

卒業生もいなかった翌年六月、隈本は年度末の終業式を待たずして福岡を去り、山口高等中学校の教頭として赴任していく。転任を決意するにいたった事情は不明だが、とにかく心血を注いだ英語専修修猷館は彼の理想とするスパルタ教育によるエリート養成を目的とした専門学校でなくなったことだけは事実である。

終章　その後の修猷館

1　英語重視の教育継続

一八八九（明治二十二）年度から尋常中学となった修猷館の規則は、英語・数学重視の規則を下ろさざるを得なかった。前に紹介した英数重視の条文は完全に消え去っている。しかし実情は、その後も英文原書の教科書を使用し、英語のみならず物理・数学の授業も正則英語で実施していた。

このような修猷館の教科課程ならびに授業方法について、文部省内部で問題になる。しかし、当時の文相芳川顕正は黙認する態度を取り続けた（一九二二年、金子堅太郎講話、『同窓会雑誌』五二号）。一八八九年当時の文部省「学科及其課程」では、授業時数は一週三十時間、そのうち英語は五年間で二十九時間となっていた。ところが尋常中学校修猷館規則では四十五時間となっている。他の中学より十六時間も多かったのである。

一八九四（明治二十七）年、文部省は学科課程の改定を実施し、それまで五年間二十九時間であった英語を三十五時間と大幅に増加させたが、それでも修猷館は五十時間として従前より一時間増加させ、他の中学との差は十五時間と大きかった。

一八九四年三月、文部省は訓令で「学科及其課程」を改正する。これに基づき県は翌年三月、新しい「中学修猷館規則」を制定するが、英語の時間はそのままで五年間五十時間であった。ちなみにこれを広島県第一中学校（現福山誠之館高校）と比較すると、やはり十六時間多い（『福山誠之館百三十年史』上巻、五二九頁）。

ここでも文部省の中からこれを問題視する声が上がるが、その時の文部大臣西園寺公望は、外交官として外国生活が長く、またリベラル的傾向の持ち主で、成案はならなかったが明治天皇に「教育勅語」の改定を内奏している。天皇もこれを期待していた（『西園寺公望自伝』、岩波書店『近代日本総合年表』）という。その西園寺も修猷館の英語教育はそのままにしたという（前出、金子堅太郎講話）。

この当時、修猷館に学んだ日本画家の水上泰生（みずかみたいせい）（明治二十八年入学、一八七七～一九五一）は次のような文章を残している。

「当時英語万能の時代で、代数も、幾何も物理も西洋歴史も三角も尽く原書で鍛はれたのでしたが、歴史の教授か英語の教授なのか解らぬ、変梃（ママ）なものでした。其頃佐々木憲吾先生といふ検定試験に通過して中学教員になられたかたが来られた。〔略〕佐々木先生は毎日の授業に当つて其の原書を読むのに非常に困られて、随分苦しい思ひをなされたさうで後にその時の述懐をしてゐられた」

生徒も先生も、修猷館の英語教育に苦しめられていたのだった。

「其後私が美術学校に入学してから〔略〕或る時、西洋人が美術学校に参観に来た時に、案内役を命ぜられ、ブロークンな英語でどうやら使命を果して、得意になつたことがある」

修猷館の生徒はブロークンながら英会話ができていたことが窺われる。

したがって、一八九五（明治二十八）年の入学生が卒業する一九〇〇（明治三十三）年まで、正則英語の授業が続いたのであった。

2　英語教員確保の努力

明治の中学教育では、英語と理数の教員確保がとても困難だったという。正則英語を重視する修猷館では特にこの点に留意して、英語教師は札幌農学校、明治学院、同志社大学卒業生もしくはアメリカ留学経験者を揃えていた。これら教師は新島襄や外国人宣教師から直接正則英語で教育を受けており、英語教員にはクリスチャンが多かった。今も見られる修猷館の自由主義的雰囲気の背景には、これらクリスチャン教師の影響、米国キリスト教自由主義の影響があったと思われる。

先述した一八九七（明治三十）年、第五高等学校教授だった夏目漱石は、佐賀中学、修猷館、明善校、伝習館の四中学校の英語授業を参観している。修猷館では平山虎雄（東京大学予備門）、鐸木近吉（札幌農学校）、小田堅立（同志社を出て米国留学）の三教論の授業を参観した。第五高等学校に提出した「佐賀福岡尋常中学校参観報告」には修猷館について次のように記している。

「教師ハ常ニ英語ヲ用ヰテ殆ンド日本語ヲ雑ヘズ　生徒モ亦力メテ英語ヲ使用セントスルモノノ如シ　文章ハ固ヨリ疵瑕ナキニアラズト雖トモ　中学四年生ノ文章トシテハ大ニ観ルベキモノアリト思考ス」

「西洋人ヲ使用セザル学校ニ於テ　斯ノ如ク正則的ニ授業スルハ稀ニ見ル所ニシテ　従フテ其功績モ此方面ニ向ツテハ頗ル顕著ナルベキヲ信ズ」

漱石は外国人教師のいない修猷館の英語教育にこのような賛辞を述べている。開校以来の隈本の信念に基づく英語教育に大きな評価を与えたのであった。

明治の英文図書の書架（修猷館図書館）

もう一つの特色は、初期の段階でこれら優秀な英語教員に混じって修猷館卒業生が雇教員として名を連ねていることである。当時は英語教員を採用するだけでも大変であったが、優秀な教員となるとなかなか人を得られなかったようで、かえって修猷館を卒業したばかりの人物を採用するのが手っ取り早かったようだ。彼らは一応英会話ができ、正則英語の授業も可能であった。

この時期の英語教員を調べてみると、明治二十年代（一八九〇～九七）の八年間に八人の卒業生雇教員が確認できる。特に初期の尋常中学修猷館では、第一回卒業生二名、第二回二名、第三回二名、第四回二名となっている。中でも第二回の荘山時習は卒業の年に採用されている。現代の整った教員免許制度の時代からすると無茶なことだが、初歩の英語教育には充分間に合ったものと思われる。

また多くの英語教員の中で注目されるのは、杉森此馬（このま）（一八八四～八六年在任）の存在である。彼は熊本バンド（熊本洋学校）で学び、その後、宮本洋学校を経て明治学院に進学して教授となり、帰県して修猷館の教員となった人物である。修猷館を去って五年後の一九〇二（明治三十五）年、広島高等師範学校が創設されると同校の初代英語教授となり、一九〇三年から二年間英米に留学して英語教育を研究し、帰国後は英語音声学の講義をしている。そして精力的に全国講演をして英語音声学の普及に大きく貢献したのであった。我々が今も使用する発音記号は彼の努力よって普及したものである。

3　正則英語教育の終わり

英語専修修猷館は、上級学校進学を目的に三年制の専門学校として、しかも正則英語で授業を行うという特異な形態の学校として出発したが、森有礼文相による国家主義教育の介入により、従来なかった漢文・倫理などの教科が加わった。それでも修猷館は、英語・数学重視を学則の中に残すことができた。しかし県会と知事との衝突により県立中学が全廃され、福岡尋常中学校との合併を余儀なくされて福岡県立尋常中学修猷館となり、英語・数学重視の学則は排除されることになる。

しかし修猷館は、文部省の意向に反して正則英語の授業を維持した。その後、文部省でこの件が問題視されるが、学校運営資金が県立でありながら黒田家から出ていることもあって、文部省は黙認せざるを得なかったようである。黒田家の執念とも言うべき「国家有為の人材育成は英学によるべきである」とする信念の維持を長期にわたって可能にしたのであった。

日清戦争を目前にする一八九四（明治二十七）年三月、文部省は国語・漢文・歴史を重視して「尋常中学校ノ学科及其課程」を改定した。それでも修猷館の英語重視の教育に変わりはなかった。

しかし、この時期から公立中学への公費補助が始まって、国家主義的色彩が強くなる。翌一八九五年から五年間かけて、音楽など特定の教科を除いて中学学科課程の全国一律化を実施していった。修猷館でも九五年入学の生徒は厳しい正則英語での授業を受けたが、一九〇〇（明治三十三）年になると、修猷館は純然たる県費支弁の学校となる。この時をもって同校の正則英語での授業は終わりを告げたのである。

正則英語授業の終了は何を意味するか――。振り返ると、幕末福岡藩の黒田長溥による海外留学生派遣は、明治維新、廃藩置県などの紆余曲折を経て、一八八五（明治十八）年、英語専修修猷館として結実し、その後も政府の国家主義教育に抗いながら正則英語授業をかたくなに維持してきたのであったが、最終的には国の統一的国家主義教育の中に組み込まれたのであった。

黒田長溥の時代、一八六七（慶応三）年の海外留学生派遣から廃藩置県後における私費留学生派遣を含めると、途中中断はあったものの、黒田家による福岡の正則英語授業政策の歴史は三十三年の長きにわたっている。その点において全国的にも特筆すべき英語政策であり、英語が読解できて英会話もできる中学生の育成も全国稀に見るところのものであった。

現在の修猷館

一八九一（明治二十四）年の投石事件は、英語の話せるエリート中学生と軍人兵士の衝突とも言えそうだ。黒田長溥の学校創立の意図が国家有為の人材育成にあったことはすでに述べたが、当時の中学生は、軍人の大部分とはかけ離れて将来を託されたエリート的存在であった。このようなことも投石事件の背景にあったと考える必要があるかも知れない。

なお最後になって恐縮だが、投石事件を離れて明治の修猷館英語教育について詳しく知りたい方は、安倍規子氏の力作『修猷館の英語教育　明治編』（海鳥社、二〇一二）をお読みいただきたい。本書執筆にあたっても大いに利用させていただいた。

修猷館略年表

西暦	和暦	出来事
一六四一	寛永一八	福岡藩、幕府から長崎警備役を課せられる。以後、蘭学盛んになる
一七八三	天明三	第九代藩主黒田斉隆が藩儒竹田定良、儒医亀井南冥に藩校創建を命じる
一七八四	四	西学問所甘棠館（総受持亀井南冥、徂徠学）、東学問所修猷館（総受持竹田定良、朱子学）開校
一七九〇	寛政二	寛政異学の禁（昌平坂学問所で朱子学以外を禁止）
一七九二	四	甘棠館総受持亀井南冥、罷免される
一七九八	一〇	唐人町より発した大火により甘棠館焼失。生徒は皆修猷館に編入し、以後福岡藩の藩校は修猷館のみに。西学問所甘棠館廃止
一八五四	安政元	幕府、長崎に海軍伝習所設置、幕臣以外の諸藩からも学生を募る。福岡藩四十七人
一八五八	五	幕府、長崎に英語所設置（翌年、洋学所となる）。英語以外も教授。福岡藩、長崎英語留学生派遣
一八六七	慶応三	福岡藩、アメリカ・スイス・オランダへ留学生派遣
一八六八	四	大政奉還、王政復古の大号令
一八七〇	明治三	修猷館に英学所設置（英・仏二カ国語教授）
一八七一	四	廃藩置県。藩校は福岡県学校修猷館となる
一八七三	六	第三十二番中学修猷館（福岡変則中学修猷館）となる
一八七五	八	福岡英語学校修猷館設置
一八七七	一〇	福岡英語学校修猷館廃止（英語教育一時途絶える）

一八八一	明治一四	藤雲館開校（法律・英語・漢文などを教授、英語は原書の口訳授業）
一八八三	一六	福岡中学校規則（英語教育復活）
一八八五	一八	侯爵黒田長溥・金子堅太郎、廃止から十四年振りに修猷館を再興することを決定。英語専修修猷館（三年制の専門学校）開校、正則英語で授業
一八八七	二〇	原因不明の出火により全焼、一時的に旧警固小学校跡に移転
一八八九	二二	福岡県立尋常中学修猷館と改称（福岡尋常中学校と合併）。旧藩校修猷館跡である大名町堀端（現・中央区赤坂一丁目）に再建・移転
一八九一	二四	投石事件
一八九九	三二	福岡県中学修猷館と改称
一九〇〇	三三	修猷館正則英語授業終了。大名町から西新町（現在の場所）へ移転
一九〇一	三四	福岡県立中学修猷館と改称
一九二三	大正一二	館歌制定
一九二五	一四	福岡県中学修猷館と改称
一九四八	昭和二三	学制改革に伴い、福岡県立高等学校修猷館と改称
一九四九	二四	新年度より男女共学となり、初めての男女共同入学式実施。福岡県立修猷館高等学校と改称
二〇一三	平成二五	旧正門が福岡市登録文化財に登録される

参考文献

●文献

「投石事件書類」（修猷資料館蔵）
「投石事件留之写」写本（福岡県立図書館蔵）
『修猷館再興録』（一九三五年再版、修猷館図書館蔵）
『福岡県立中学修猷館一覧』（福岡県立中学修猷館、一九一五年）
大熊浅次郎『幕末福岡藩洋行の先駆 松下直美概蹟』（『筑紫史談』四四〜四七集、一九二八〜二九年）
隈本有尚『宮本中学校思出の記』（一九四一年脱稿、末永惣太郎編、旧久留米図書館蔵）
『福岡県議会史 明治編 上』（福岡県議会事務局、一九五二年）
『西園寺公望公自伝（述）』（大日本雄弁会講談社、一九五七年）
『福岡県教育史』第一巻（福岡県教育委員会、一九五七年）
尾形博康『西洋教育移入の方途』（野間教育研究所、一九六一年）
トク・ベルツ編『ベルツの日記』（岩波書店、一九七九年）
石滝豊美『玄洋社発掘――もうひとつの自由民権』（西日本新聞社、一九八一年）
『修猷館二百年史』（修猷館二〇〇年記念事業委員会、一九八五年）
『誠之館百三十年史』下巻（誠之館百三十年史編纂委員会、一九八九年）
近藤典二『教師の誕生――草創期の福岡県教育史』（海鳥社、一九九五年）
新谷恭明『尋常中学校の成立』（九州大学出版会、一九九七年）

河西善治『『坊ちゃん』とシュタイナー——隈本有尚とその時代』（ぱる出版、二〇〇〇年）
藤田昌雄『写真で見る明治の軍装』（潮書房光人社、二〇一五年）

●年表・辞典

『近代日本総合年表』（岩波書店）
『国史大辞典』（吉川弘文館）

●論文・新聞

高瀬暢彦編「金子堅太郎自叙伝（1）〜（7）」（『日本大学精神文化研究所紀要』27〜33巻）
金田平一郎「藤雲館小考」（『筑紫史談』八六集、一九四三年）
川添昭二「哲学館事件の文部省視学官隈本有尚について」（『日本歴史』一九三号、吉川弘文館、一九六四年）
「福陵新報」／「福岡日日新聞」／「郵便報知新聞」（年月日はそれぞれ本文中に記した）

あとがき

二〇〇四年に『校旗の誕生』（青弓社）を出版した時は大きな批判を受けることもなく、わが生涯一冊の本を出版したことに満足し、その後は、同窓会雑誌などにほんの小さな論文を掲載させてもらうことはあったが、出版を意識した長い文章を書くことなどまったく考えていなかった。

ただ時折、図書館に出かけて修猷館関係資料をアト・ランダムに収集していたので、それらを眺めては小論文を書き溜めていた。それらがある程度の量になったので、自分のプリンターで私家版として印刷することを思いついたのであった。

まず二〇一四年に「英語専修修猷館への道」を、一六年に「中学校と軍隊の衝突」を印刷し、大学時代の友人や知人たちに配布し読んでもらった。読んでくれた知人たちは出版を勧めてくれ、特に修猷館に赴任した時に一年間だけ同僚教諭として机を並べた長野覺先生（駒澤大学名誉教授）は、花乱社に自家印刷本を持ち込まれ出版を勧めてくれたのであった。

ただし、二冊を合本にして出版するには統一性を欠き、特に投石事件についてはまだまだ史料を精査しなければならないことが多く、忘れ去られつつある事件であるため、できるだけ事実に近いものを心掛ける必要性があった。

そもそも当初の原稿は出版を前提としたものでなかったため、分量として少し短く、出版するには同量以上の原稿が必要とのことであった。書き足す自信はあまりなかったが、特異性を持つ明治の修猷館英語教育がどのようなものであったかについてはあまり知られていない部分が多いようなので、「英語専修修猷館への道」で扱った幕末から一九〇〇（明治三十三）年までの福岡の英語政策の部分を流用させていただくことにした。

もちろん、メインは投石事件であることは言うまでもない。日本憲政史上、ぜひとも書き残しておきたい事件であった。

投石事件――この名を初めて耳にしたのは戦後間もない小学校四、五年生頃だったと思う。修猷館に在籍していた長兄と次兄の会話の中で耳に挟んだことを覚えている。それ以来、一九五二（昭和二十七）年の修猷館入学、七六（昭和五十一）年の同校教諭着任、そして在職中に『修猷館二百年史』編集委員長就任と、常に修猷館史に関わることとなったが、投石事件の内容を本格的に調査することはなかった。

すでに学校史として『修猷館再興録』、『修猷館七十年史』が刊行されており、校史以外にも学友会誌などでしばしば取り上げられてきており、これらの記事に全幅の信頼を置いていた。したがって『修猷館二百年史』はこれらの記述を踏襲するだけであった。

しかしそれらを改めて読んでみると、いずれにも大事件として記述されてはいるが、内容が簡略化されていて、私見を交えた部分も多く、事件の詳細や大事件としての意味合いが記されていないことに気づいた。事件当時の人々はすでに鬼籍に入り、事件内容も年月の経過とともに不確かとなり、四十年も経過すると尾ひれがついて事実と異なったことが語られるようになっていた。

本文（二〇ページ）でも触れたが、一九三一（昭和六）年、川上市太郎（明治三十七年卒）は雑誌『修猷』七十一号に「投石の波紋」を寄稿、その前文で次のようなことを紹介している。

「修猷館の生徒が兵隊に石を投げつけた」

「兵隊が立腹して修猷館に剣付鉄砲で侵入した」

「連隊長が連隊を率いて学校を包囲したげな」

「二重にも三重にも囲んだげな」

「先生も生徒も二日も三日も籠城したげな」

「兵隊も強いが生徒も負けないげな」

事件から四十年を経過した時期の噂話であるが、時が経てば経つほど真実が真実として正しく伝えられることが少なくなり、稀薄になっていく様が述べられている。これは我々の周辺で日常的に起こる事件でも経験することであり、年月が経過すれば間違った噂が真実のように語られるのである。投石事件も例外ではなかった。この中でも「連隊長が連隊を率いて学校を包囲したげな」は、非常に刺激的な表現であり、今も福岡で語られることがあるようだ。元新聞記者の柳猛直（修猷館卒業）はたくさんの郷土史研究の書を著し、その書物は多くの市民から親しまれていたが、彼は財部一雄（修猷館卒業）との共著『大名界隈誌』（海鳥社、一九八九年）の中で次のように投石事件を記している。

「尾崎館長は驚いて調査をするのだが、さっぱりわからない。そこで連隊に「遺憾ながら犯人はわからない」と返事をした。

当時の歩兵第二十四連隊長は、のちに日清戦争で勇名をとどろかし鬼隊長といわれた佐藤正大佐であったから尾崎の返事に対して「わからんとは何ごとだー」と、いきり立って早速、武装した一隊が出動して修猷館を包囲し出入口を固めてしまった」

修猷館卒業生の中にも間違った伝聞が真しやかに伝わっていたのである。郷土史研究をしていた柳でさえ事件後につくられた噂話を信じていたのであるから、一般市民の間に広く「軍隊の修猷館包囲」説は浸透していたようだ。

これが著名人の発言になると影響が大きくなる。たとえば思想家、実業家として多くの著名人から信奉されていた中村天風（修猷館中退）はその著書『成功の実現』（日本経営合理化協会出版局、一九八八年）の中で、修猷館在籍中に遭遇した投石事件のことを語っている。まず彼は事件の発端を、修猷館の塀の外を行進中の福岡歩兵第二十四連隊の軍旗に対して校内から投石がなされた、としている。怒った連隊長が兵を率いて修猷館を取り巻いた、と。しかし、このような事実は当地の新聞には一切記されていない。中村天風の創作と言わざるを得ない。

中村天風は「佐藤大佐」率いる第二十四連隊によって「これが学校をとりまいちゃったんです。（略）そら、校長を初め〔ママ〕として生徒全員が真っ青になっちゃった。（略）それがちょうど三時ごろだ。（略）段々時刻がたって、もう夕暮れ近くなっちゃっている。子供たちは腹がへる。先生たちは先生たちで、おっかなくてぶるぶる震えて」と記しているが、時間、状況とも現存史料とまったく一致しない。他の部分も同様に一致しないところがあり、事件遭遇者である中村天風の記憶違いにしてはひどすぎる。口から出まかせの感じで、本当に事件を経験したのか疑わしくなる。

修猷館卒業生の中にはこの著書の記述を信じている人もいるようで、修猷館史にとって迷惑な本と言わざるを得ない。中村天風に関する書物は多く、中にはこの部分を引用したものもあり、間違った内容が全国的にも一部流布している有様である。

四、五年前に英語専修修猷館のことを調べたが、その過程で英語専修修猷館の前身が藤雲館でないことを金子堅太郎の自叙伝で知るに及び、さらに初代館長隈本有尚の『宮本中学校思出の記』の中で、修猷館英語教育の源流は筑後の宮本洋学校にあることを確認したのであった。

投石事件についても自分の理解の浅薄さに気づき、できるだけ真実に近い経緯を調べることにした。調査を進めていくうちに、事件が自分の想像していた以上に重大な内容を含んでいることに気づいたのであった。残された史料は少なく、真実に迫るのはおよそ不可能であることを悟ったが、当時の新聞記事を始めとして思いもかけない史料に出くわしたことは幸いであった。特に小川霜葉の「館長尾崎臻日記」の見聞録と渡辺村男の「投石事件留之写」の抜粋は今まで利用されていなかったものであり、投石事件への理解をさらに深めさせてくれた。おそらく読者諸氏のほとんどの方が初めて聞く内容ではないかと思う。

なお、先述の川上市太郎はその文章中で「唯惜しむらくは事件直後、当の責任者たる館長と連隊長が相会したらんには、玲瓏玉の如き館長と、朴直竹に似たる連隊長と、必ずや肝胆相和するものありしならんに、徒に第三者に粉飾せられ波紋の波を重なり重ならせて、遂に斯かる不詳に陥らしめたるに怨みなきにしもあらざるを」と述べている。館長と連隊長の話し合いもなく投石事件は進行していったのである。

ところが、実は館長と連隊長は投石事件後に会っているのである。先に紹介した小川霜葉の文章を次に引用する。

「それから数年佐藤大佐が予備役に編入された時、ブラリと福岡に来り尾崎館長の家を訪ねてこられた。事は意外であったが尾崎は喜んで座敷に通し酒杯を傾けながら往時を談笑した。事件の大立者が胸襟を開いての回顧談は、往年の古武士の淡懐さを如実に示している」

佐藤連隊長は豊橋第十八連隊に転任したのち大佐に昇進して日清戦争に従軍しているが、一八九五（明治二十八）年三月、平壌攻略で銃弾を受けて左足切断の重傷を負っている。このため休職となり、同十月二十日退役となって少将に昇進した。その後、翌年一月一日から広島市長に就任しているので、彼が尾崎館長宅を訪れたのは九五年十一月から十二月にかけてのことであろう。

惜しむらくは、この時両人がどのような内容の対話をしたかが不明なことである。おそらく投石事件についても思い出として語られたと推測するしかない。投石事件は隈本館長の修猷館再任、退職後の尾崎館長と佐藤連隊長との邂逅でもって最終結末を見たのである。

第一部「中学校と軍隊の衝突」では、単に投石事件の経緯を追うだけでなく、「立憲主義違反」の問題にまで論を進め、投石事件の歴史的位置づけができたことは想定外のことであった。私個人としては、これは憲政史の上からも日本正史に記録されるべき事件だと思っている。今後、新しい研究者によってさらに内容の深められることを願う。

第二部の「儒学から英学へ」では、従来定説化していたかのようで実は誤りと思われることを取り上げてみた。つまり、「藤雲館を修猷館の前身とすること」への疑問、「明治修猷館英語の源流は藤雲館でなく筑後の宮本洋学校にあったこと」などである。初期の修猷館では英語の原書教科書を使用していたことは誰もが知っているが、それが十九世紀末（一九〇〇（明治三十三）年）まで文部省の方針に抗って続いたことは意外に知られていないのではないだろうか。

なお、本論ではできるだけ史実に忠実でありたいとの思いから、読みづらい当時の史料を原文のまま多数引用した。まだまだ私の知らない史料が存在するのではないかとも思う。特に本論の史料は地元福岡で集めたものばかりであり、国会図書館も訪ねてみたが、中央省庁での史料はまったく得られていない中での執筆であった。誤りなどについては御叱正を乞う。

最後になりましたが、この一年間、入退院を繰り返し、その都度私を励ましてくれた妻、長男・長女に感謝します。また今回の出版にあたり、一年以上にわたり種々ご配慮をいただいた花乱社の別府大悟さん、宇野道子さんに厚くお礼を申し上げます。

二〇一八年七月

水崎雄文

水崎雄文（みずさき・たけふみ）
1936年，朝鮮京城府（韓国ソウル市）に生まれる。西南学院中学校，修猷館高等学校卒業。九州大学大学院修士課程修了。在学中は九州中世史専攻。その後，福岡県立4高校の教諭を歴任，在任中，『修猷館二百年史』（修猷館二百年記念事業委員会発行，1985年）編著に携わり，1997年退職後，校旗研究に専念，『校旗の誕生』（青弓社，2004年）を出版。福岡市在住。

修猷館投石事件（しゅうゆうかんとうせきじけん）
明治二十四年，中学校と軍隊の衝突（めいじにじゅうよねん，ちゅうがっこうとぐんたいのしょうとつ）

❖

2018年11月15日　第1刷発行

❖

著　者　水崎雄文
発行者　別府大悟
発行所　合同会社花乱社
〒810-0001 福岡市中央区天神 5-5-8-5D
電話 092（781）7550　FAX 092（781）7555
http://www.karansha.com
印刷・製本　有限会社九州コンピュータ印刷
ISBN978-4-905327-93-6